MIX
Papier aus verantwortungsvollen Quellen
Paper from responsible sources
FSC® C105338

Christina Waider

Crowdfunding als alternatives Filminvestitionsmodell

Ist Crowdfunding und Crowdinvesting ein zukunftsfähiges Filmfinanzierungsmittel?

Diplomica Verlag GmbH

Waider, Christina: Crowdfunding als alternatives Filminvestitionsmodell: Ist
Crowdfunding und Crowdinvesting ein zukunftsfähiges Filmfinanzierungsmittel?
Hamburg, Diplomica Verlag GmbH 2013

Buch-ISBN: 978-3-8428-8254-6
PDF-eBook-ISBN: 978-3-8428-3254-1
Druck/Herstellung: Diplomica® Verlag GmbH, Hamburg, 2013

Bibliografische Information der Deutschen Nationalbibliothek:
Die Deutsche Nationalbibliothek verzeichnet diese Publikation in der Deutschen
Nationalbibliografie; detaillierte bibliografische Daten sind im Internet über
http://dnb.d-nb.de abrufbar.

Das Werk einschließlich aller seiner Teile ist urheberrechtlich geschützt. Jede Verwertung außerhalb der Grenzen des Urheberrechtsgesetzes ist ohne Zustimmung des Verlages unzulässig und strafbar. Dies gilt insbesondere für Vervielfältigungen, Übersetzungen, Mikroverfilmungen und die Einspeicherung und Bearbeitung in elektronischen Systemen.

Die Wiedergabe von Gebrauchsnamen, Handelsnamen, Warenbezeichnungen usw. in diesem Werk berechtigt auch ohne besondere Kennzeichnung nicht zu der Annahme, dass solche Namen im Sinne der Warenzeichen- und Markenschutz-Gesetzgebung als frei zu betrachten wären und daher von jedermann benutzt werden dürften.

Die Informationen in diesem Werk wurden mit Sorgfalt erarbeitet. Dennoch können Fehler nicht vollständig ausgeschlossen werden und die Diplomica Verlag GmbH, die Autoren oder Übersetzer übernehmen keine juristische Verantwortung oder irgendeine Haftung für evtl. verbliebene fehlerhafte Angaben und deren Folgen.

Alle Rechte vorbehalten

© Diplomica Verlag GmbH
Hermannstal 119k, 22119 Hamburg
http://www.diplomica-verlag.de, Hamburg 2013
Printed in Germany

Abstract

Viele wunderbare, kreative Ideen für Filmprojekte passen nicht in bestehende Finanzierungsmuster, weil sie unrentabel scheinen, ihre Inhalte nicht den Förderrichtlinien entsprechen und weil Film heute ein Hochrisikogeschäft darstellt.

Der Aufwand für die Umsetzung einer Filmidee steigt von Jahr zu Jahr wegen der immer ausgeklügelteren Möglichkeiten der Visualisierung und Technik und der immer anspruchsvolleren Sehgewohnheiten. Dies zieht erhebliche Budgets in den Filmproduktionen nach sich, welche nur noch wenige Filmfinanziers bereit sind, zu investieren. Mit Crowdfunding und Crowdinvesting scheint eine Möglichkeit gefunden, diese problematische Situation zu wenden.

Vorliegendes Werk untersucht sowohl die theoretischen Voraussetzungen als auch die praktische Anwendung von Crowdfunding und Crowdinvesting. Der praktische Teil analysiert auf Grundlage einer internetbasierten „Plattformbeobachtung", ob diese neue Finanzierungsart eine Lösung der Problematik zur Finanzierung von Filmprojekten darstellt und vergleicht sie mit herkömmlicher Finanzierung. Diese Untersuchung kommt zu dem Ergebnis, dass Crowdfunding und –investing sich als interessante Kommunikations-, Marketing- und Entwicklungsinstrumente erweisen. Sie bieten die Möglichkeit, vor Filmfertigstellung die Kritikpunkte der Konsumenten in die Herstellung einfließen zu lassen und sind sehr werbewirksam. Aufgrund der geringen Geldmittel, die bis heute generiert werden konnten, handelt es sich nicht um eine volle Finanzierungsalternative. In Kombination mit herkömmlichen Filmfinanzierungs-instrumenten können Crowdfunding und -investing als Teilfinanzierung von Vorteil sein. Dementsprechend werden in naher Zukunft „Cofunding - Modelle" an Bedeutung gewinnen.

Inhaltsverzeichnis

Inhaltsverzeichnis I

Abkürzungsverzeichnis III

Abbildungsverzeichnis IV

Tabellenverzeichnis V

1 Einführung 1

    1.1 Problemstellung 1

    1.2 Vorgehensweise und Strukturierung 3

    1.3 Zielgruppe 4

    1.4 Herausforderungen und Methodik 4

2 Triebfedern des Filmgeschäfts 5

    2.1 Die Motivation Filme herzustellen und die Hürde der Finanzierung 5

    2.2 Kunst versus Kommerz – Die Crowd als demokratische Alternative? 8

3 Von der Idee zum Film – Filmherstellung und Vermarktung als Prozess 11

    3.1 Der Entstehungsprozess 11

        3.1.1 Die Preproduktion, Drehphase und Postproduktion 11

        3.1.2 Die Suche nach einer Möglichkeit das Projekt zu finanzieren .. 14

    3.2 Der Vertrieb, die Auswertung und die Erlösrückführung 16

4 Quellen der Filmfinanzierung 21

    4.1 Staatliche und suprastaatliche Filmförderungen 21

        4.1.1 Die deutschen Filmförderungen 22

        4.1.2 Die europäischen Filmförderungen 26

    4.2 Öffentlich – rechtliche Fernsehsender als Filmfinanziers 28

        4.2.1 Sender Auftragsproduktionen 28

        4.2.2 TV – Koproduktionen 29

        4.2.3 TV – Lizenzkäufe 30

    4.3 Privatrechtliche Filmfinanzierung 31

        4.3.1 Koproduktionspartner 31

        4.3.2 Filmverleih und Filmvertrieb als Finanzierungspartner 32

        4.3.3 Lizensierung der Nebenrechte 33

        4.3.4 Product Placement und Sponsoring 34

        4.3.5 Der Eigenanteil des Produzenten 35

        4.3.6 Banken, Versicherungen und Medienfonds 36

5	Die Crowdbewegung		39
	5.1	Crowdsourcing	39
	5.2	Crowdfunding	41
		5.2.1 Definition	41
		5.2.2 Die Plattformen und der Projektablauf	43
		5.2.3 Die Initiatoren und Unterstützer	46
		5.2.4 Crowdfunding außerhalb der Plattformen	49
		5.2.5 Erfolgreiche Crowdfunding Beispiele	50
	5.3	Crowdinvesting	51
		5.3.1 Definition	51
		5.3.2 Die Plattformen und deren Funktionsweise	52
		5.3.3 Gründer und Investoren	54
		5.3.4 Erfolgreiche Crowdinvesting Beispiele	55
	5.4	Crowdfunding und –investing in den USA	56
6	Mit der Crowd realisierte Filme		58
	6.1	Iron Sky	58
	6.2	Stromberg der Film	60
	6.3	BAR25 – der Film	61
7	Crowdfunding und Crowdinvesting als Filmfinanzierung		63
	7.1	Gegenüberstellung von herkömmlicher Filmfinanzierung und Crowdfunding sowie -investing	63
	7.2	Zahlen und Fakten der Plattformbeobachtung	67
	7.3	Cofundingmodelle	79
8	Ergebnisbetrachtung und Ausblick		83
	8.1	Kernaussagen und Erkenntnisse	83
	8.2	Eignet sich Crowdfunding und –investing als alternative Filmfinanzierungsform? – Ein Ausblick	87

Literaturverzeichnis VI

Anlagen XIV

Abkürzungsverzeichnis

ARD	=	Arbeitsgemeinschaft der öffentlich-rechtlichen Rundfunkanstalten der Bundesrepublik Deutschland
BaFin	=	Bundesanstalt für Finanzdienstleistungsaufsicht
BKM	=	Beauftragter der Bundesregierung für Kultur und Medien
CF	=	Crowdfunding
CI	=	Crowdinvesting
DFFF	=	Deutscher Filmförderfonds
FFA	=	Filmförderungsanstalt der Bundesrepublik Deutschland
FFF Bayern	=	FilmFernsehFonds Bayern
FFG	=	Filmfördergesetz
FFHSH	=	Filmförderung Hamburg Schleswig-Holstein
GEZ	=	Gebühreneinzugszentrale
HITs	=	Human Intelligence Tasks
IBB	=	Investitionsbank Berlin
Ikosom	=	Institut für Kommunikation in sozialen Medien
ILB	=	Investitionsbank des Landes Brandenburg
JOBS Act	=	Jumpstart Our Business Act
KfW	=	Kreditanstalt für Wiederaufbau
MBB	=	Medienboard Berlin-Brandenburg
MFG	=	Medien- und Filmgesellschaft Baden-Württemberg
MG	=	Minimum Garantie
ROW	=	Rest of the World
SPIO	=	Spitzenorganisation der Filmwirtschaft e.V.
SWOT Analyse	=	Strength Weakness Opportunity Threat Analyse
UFA	=	UFA Film & TV Produktion (früher Universum Film AG)
VoD	=	Video on Demand
ZDF	=	Zweites Deutsches Fernsehen

Abbildungsverzeichnis

Abbildung 1: Filmherstellungsprozess 11
Abbildung 2: Finanzierungsstruktur deutscher Kinofilme 2004-2006 15
Abbildung 3: Kreislauf der klassischen Filmwirtschaft 16
Abbildung 4: Das Windowing 17
Abbildung 5: Struktur der Filmförderung 21
Abbildung 6: Beziehungsstruktur Plattformen, Initiatoren, Unterstützer 43
Abbildung 7: Crowdfunding Verzeichnis 44
Abbildung 8: Schritte im Crowdfunding-Prozess 45
Abbildung 9: Quellen der Motivation 49
Abbildung 10: Crowdinvesting Verzeichnis 53
Abbildung 11: Finanzierungsplan Iron Sky 59
Abbildung 12: Investitionsprinzip von Stromberg der Film 61
Abbildung 13: Statistische Erhebung CF Plattformen 68
Abbildung 14: Entwicklung der Projektanzahlen CF Plattformen 69
Abbildung 15: Verhältnis Gesamtfunddingsumme zu Fundingsumme Film/Video 70
Abbildung 16: Jährliche Fundingsummen Kategorie Film/Video 71
Abbildung 17: Durchschnittliche Fundingsummen 72
Abbildung 18: Pling Projektart 74
Abbildung 19: Mysherpas Projektart 74
Abbildung 20: Inkubato Projektart 75
Abbildung 21: Visionbakery Projektart 75
Abbildung 22: Startnext Projektart 76
Abbildung 23: Spiegelungsmodell 80
Abbildung 24: Spiegelungsmodell Finanzierungsverteilung 81
Abbildung 25: Vorqualifizierungsmodell 81
Abbildung 26: Wettbewerbsmodell 82

Tabellenverzeichnis

Tabelle 1: Finanzierungsplan Kinospielfilm 18
Tabelle 2: Erlösverteilung Kinoeinnahmen 18
Tabelle 3: Recoupmentplan 19
Tabelle 4: CF Belohnungsstaffelung 48
Tabelle 5: Gegenüberstellung CF, CI und herkömmliche Filmfinanzierung 64
Tabelle 6: Crowdinvesting Plattformen 77

1 Einführung

1.1 Problemstellung

Die deutsche Filmwirtschaft wird allein vom Deutschen Filmförderfond (DFFF) und der Filmförderanstalt des Bundes (FFA) jährlich mit rund 90 Mio. Euro unterstützt[1]. Ohne diese Subvention würde die Filmbranche zu großen Teilen zusammenbrechen[2]. Wenn dieses Szenario infolge von Krisen und Haushaltskürzungen eintreten sollte, muss eine neue Finanzierungsquelle gefunden sein.

Kann Crowdfunding und –investing[3] diese Alternative sein? Kann sich Crowdfunding und Crowdinvesting als seriöses Filmfinanzierungselement etablieren? Oder wird es auch in Zukunft nur marginal ergänzend, beziehungsweise ausschließlich zu Marketingzwecken genutzt?

„Film ist ein Hochrisikogeschäft und wird es auch immer bleiben"[4], so die Einschätzung von Frau Dalichow, der Direktorin des Filmmuseums Potsdam. Tatsächlich sind die meisten Filme in Deutschland nicht in der Lage sich zu refinanzieren, oder einen Gewinn abzuwerfen. Sie sind nach wirtschaftlichen Gesichtspunkten nicht erfolgreich. Eine große Problematik der Filmherstellung ist, dass das Feedback der Konsumenten erst dann zum Tragen kommt, wenn es bereits zu spät ist und sämtliche Kosten schon angefallen sind: das Produkt Film ist erstellt, der Vertrieb und das Marketing sind abgeschlossen. So werden Filme am Publikum vorbei produziert.

Die Diskussion darüber, woran sich der Erfolg eines Films misst, an der Wirtschaftlichkeit, dem künstlerischen Wert oder ob nicht das eine das andere bedingt, wird durch die demokratische Funktionsweise von Crowdfunding überflüssig. Crowdfunding kann einen Paradigmenwechsel einläuten: Weg von den passiven, unmündigen Zuschauern, die sich ansehen, was ihnen präsentiert wird, hin zu den aktiven Unterstützern, die entscheiden, welche Ideen relevant und wertvoll sind. Mit diesem neuen Finanzierungsinstrument ist es möglich jede Idee umzusetzen, unabhängig davon, ob sie den

---

[1] BKM (2012): *„Filmförderung"*
[2] Gojic, Zoran (2011)
[3] Die Crowd (engl.: „Menschenmenge") ist ein Begriff, der die Finanziers von Crowdfunding und –investing Projekten bezeichnet. Siehe auch Kapitel 5
[4] Vgl. Plarre, Plutonia (2012)

Förderrichtlinien entspricht oder wirtschaftlich unrentabel scheint. Man muss nur genug Menschen von ihr begeistern können.

Crowdfunding und Crowdinvesting scheint eine demokratische Möglichkeit zu sein das Risiko, einen Flop zu produzieren, vor die Hauptfinanzierungsphase zu verlagern und somit zu minimieren. Man finanziert sein Filmprojekt ganz oder teilweise vor, indem man mit Hilfe des Internets und viel Promotion eine Gruppe von Menschen für das Projekt gewinnt. Diese finden die Idee nicht nur einfach gut, sondern sind sogar bereit sie zu finanzieren.

Ob und inwiefern diese Finanzierungsmethode tatsächlich eine Alternative zu aktuell gängigen Finanzierungsinstrumenten in Deutschland darstellt, wird in vorliegendem Werk untersucht.

1.2 Vorgehensweise und Strukturierung

Kapitel 2: Triebfedern des Filmgeschäfts
Als Einstieg in diese Untersuchung wird erörtert, was Filmschaffende antreibt, ihre Ideen auf eine Leinwand zu bringen und wieso die Finanzierung, gerade in Deutschland, eine solch große Hürde darstellt. Im Anschluss wird die Frage untersucht, was einen erfolgreichen Film definiert und inwiefern die Finanzierung mit Hilfe der Crowd eine Antwort auf diese Frage liefert.

Kapitel 3: Von der Idee zum Film – Filmherstellung und Vermarktung als Prozess
Hier werden die einzelnen Stadien, die ein Film durchläuft, dargelegt: Von der Idee über die Entstehung bis hin zur Vermarktung und der Erlösrückführung. Sinn dieser Prozessbeschreibung ist es, einen Eindruck und auch Verständnis für die enormen finanziellen und zeitlichen Ausmaße zu vermitteln, die mit der Herstellung eines Films verbunden sind.

Kapitel 4: Quellen der Filmfinanzierung
In diesem Kapitel wird demonstriert, welche gängigen Möglichkeiten es gibt, an finanzielle Mittel zur Verwirklichung einer Filmidee zu gelangen. Als Teil dessen werden die bestehenden Förderstrukturen in Deutschland und Europa vorgestellt.

Kapitel 5: Die Crowdbewegung
Dieser Abschnitt wird Crowdsourcing, Crowdfunding und Crowdinvesting allgemein vorstellen und mit Beispielen erläutern. Bewusst wird hier noch nicht auf die Möglichkeit von Crowdfunding und –investing als Filmfinanzierungsinstrument eingegangen.

Kapitel 6: Mit der Crowd realisierte Filme
Einige Filmprojekte, die mit Crowdfunding und –investing durchgeführt wurden, werden vorgestellt und untersucht. Betrachtet werden *„Iron Sky"*, *„Stromberg – der Film"* und *„BAR25 der Film"*.

Kapitel 7: Crowdfunding und Crowdinvesting als Filmfinanzierung
Hier werden die neuartigen Aspekte von Crowdfunding und –investing mit Hilfe von Analysen vorgestellt und untersucht, sowie mit den Möglichkeiten der herkömmlichen Filmfinanzierung verglichen.

Kapitel 8: Ergebnisbetrachtung und Ausblick
Die in den vorangegangenen Abschnitten ermittelten Erkenntnisse werden hier zusammengefasst, analysiert und in einen Zusammenhang gesetzt.

1.3 Zielgruppe

Vorliegendes Buch soll Filmschaffenden eine kurze Zusammenfassung der bestehenden Filmfinanzierungsmethoden und -möglichkeiten geben, sowie gleichzeitig die neue Möglichkeit der Filmfinanzierung durch Crowdfunding und Crowdinvesting aufzeigen und einschätzen. Professionelle Produzenten, denen diese Methode schon bekannt ist, erhalten gegebenfalls eine neue Perspektive auf die Finanzierungsmöglichkeit von Crowdfunding und Crowdinvesting.

1.4 Herausforderungen und Methodik

Da das Thema Crowdfunding und –investing ein relativ neues und unbekanntes Feld darstellt, ist die hierfür zur Verfügung stehende Literatur recht überschaubar. Viele existierende Studien und Analysen sind Momentaufnahmen der aktuellen Situation und bieten keine langfristigen Beobachtungsergebnisse. Das können sie, in Anbetracht der Tatsache, dass es dieses Phänomen in Deutschland erst seit dem Jahr 2009 gibt, natürlich auch nicht leisten. Diese recht mühsame Informationsbeschaffung stellte gerade zu Beginn der Studie eine kleine, aber recht schnell gemeisterte Hürde dar.

Die in den bereits veröffentlichen Beiträgen zur Verfügung gestellten Informationen, wie die des *„Institut für Kommunikation in soziale Medien"* (*ikosom*) oder der *„co:funding Konferenz"* dienten als Ausgangspunkt für eigene, weitere Beobachtungen und Entwicklungen des Crowdfunding. Auch Diskussionen und Informationen aus Fachforen im Internet, oder von Fachmagazinen getätigte Umfragen und Interviews mit aktiven Persönlichkeiten aus der Crowdfundingszene halfen bei der Erschließung und Einschätzung des Themas. Ergebnisse und Einschätzungen die in diese Untersuchung eingeflossen sind, sind mit Quellenbelegen gekennzeichnet.

Dadurch, dass dieses Gebiet ein recht junges ist, sind die Grenzen dieses Werks eindeutig gezogen. Auf langfristige Studien kann nicht zurückgegriffen werden und damit auch keine verlässlichen langfristigen Prognosen abgegeben werden. Gewisse Trends lassen sich dennoch ablesen. Nach bestem Wissen und Gewissen wird versucht eine Einschätzung abzugeben wie sich Crowdfunding und –investing in Bezug zur Filmfinanzierung in Deutschland in Zukunft entwickeln wird.

2 Triebfedern des Filmgeschäfts

Zu Beginn dieser wissenschaftlichen Untersuchung wird zu allererst erörtert, welche Beweggründe es überhaupt gibt, Geschichten in Filme umzusetzen und woran diese Vorhaben, insbesondere in Deutschland, häufig scheitern. Zusätzlich möchte ich auf eine Diskussion aufmerksam machen, die immer wieder aufflammt: Misst sich der Erfolg eines Films ausschließlich an seinen Einspielergebnissen und seiner Reichweite und ist ein Film, der ein kleines Publikum begeistert, dafür aber künstlerischer ist, ein Misserfolg? Ich behaupte, dass Crowdfunding eine Antwort auf diese Diskussion bietet.

2.1 Die Motivation Filme herzustellen und die Hürde der Finanzierung

Wieso machen Menschen Filme? Welche Motivation ist die Triebfeder, eine Idee auf die Leinwand zu bringen?

Fragt man Menschen, die nichts mit Filmherstellung zu tun haben, welche Schlagwörter ihnen zu Filmschaffenden wie Schauspielern, Regisseuren oder Produzenten einfallen, lauten die Antworten in etwa: „Reich, berühmt und schön." Mit Sicherheit gibt es tatsächlich Filmschaffende, die ihren Beruf in der Branche aus diesen Motiven heraus gewählt haben, die sich von ihrem eigenen Narzissmus getrieben fühlen. Oft dominieren jedoch andere Gründe, an der Entstehung von Filmen mitzuwirken.

In einem Interview mit dem *"Newsweek Magazine"* antwortet Steven Spielberg auf die Frage, was ihn auch nach 30 Jahren voller Erfolg motiviert, weiter Filme zu machen:

> *"I've often asked myself that question, and my answer comes back the same way every time: I love it. Being a moviemaker means you get to live many, many lifetimes. It's the same reason audiences go to movies, I think. When my daughter Sasha was 5 years old, we would be watching something on TV and she'd point to a character on screen and say, "Daddy, that's me." Ten minutes later a new character would come on screen and she'd say, "No, Daddy. That's me." Throughout the movie she would pick different people to become. I think that's what we all do. We just don't say it as sweetly"*[5]

Diese Anekdote macht deutlich: Der psychologische Aspekt der Vermehrung, der Multiplikation des eigenen Ichs, durch Identifikation mit unterschiedlichen Charakteren

---

[5] Vgl. Smith, Sean (2005)

und Persönlichkeiten, weitet das eigene Erleben spielerisch aus, ohne die Lebensprozesse als Pflichten annehmen zu müssen. Es trägt die Imagination in sich, dass jede Idee und Alles möglich ist. Genau aus diesem Grund interessiert sich das Publikum auch für Filme, weil es sich von der Imagination, der Idee, dem Charakter genauso angesprochen fühlt wie der Filmemacher selbst. Hat der Film keine Leidenschaft, oder spürt er nicht die Fragen der Zeit auf, wird er nicht erfolgreich sein können.

Filme dienen auch harmloser Träumerei und dem Gewinn neuer Erfahrungen, wie im Folgenden von Stefen Spielberg bestätigt wird:

> *"We like to tease ourselves. Human beings have a need to get close to the edge and, when filmmakers or writers can take them to the edge, it feels like a dream where you're falling, but you wake up just before you hit the ground."*[6]

Eine Motivation, aus der Menschen Filme machen und auch Filme sehen! Jeder Film entfaltet eine jeweils andere Wirkung auf Menschen, je nach deren Erfahrungswelt und Charakter. Daher sprechen wir auch unterschiedlich auf Filme an. Was den einen zum Lachen bringt, löst beim Nächsten eine völlig andere Reaktion aus. Vielfältig sind also die Beweggründe, aus denen Filme gemacht werden.

Das große Problem: Nicht jede Filmidee lässt sich aufgrund der begrenzten finanziellen Ressourcen umsetzen. Nur sehr wenige wagen den Schritt, ihre Filmfantasie Realität werden zu lassen. Damit kommen wir zur Untersuchung, wieso Ideen an der Finanzierung scheitern.

Vielen Menschen ist nicht bewusst, wie hoch der zeitliche und monetäre Aufwand für einen Film tatsächlich ist, egal ob es sich um Kurzfilme, Spielfilme oder Dokumentationen handelt. Die Produktionsdauern scheinen für Außenstehende sehr lang, wenn man bedenkt, dass am Ende ein Film entsteht, der 90 oder 120 Minuten dauert. Häufig werden Drehbücher jahrelang bearbeitet. James Cameron schrieb die erste Version des Drehbuchs „Avatar" im Jahr 1995 und beschäftigte sich dann ab 2005 wieder mit der Geschichte, bis die Dreharbeiten im Jahr 2008 begannen.[7] Die Drehzeiträume variieren stark, je nach Aufwand und Länge des Films. Eine Faustregel besagt, dass man pro Drehtag drei Drehbuchseiten abdrehen kann. Da eine Drehbuchseite ca. einer Minute im Film entspricht, kann man dementsprechend drei Minuten pro Tag schaffen, die dann auch tatsächlich verwendet werden.

---

[6] ebenda
[7] Murray, Rebecca (2009)

Hier einige Zahlen dazu: Im Schnitt kostet ein 90 minütiger „*Tatort*" 1,3 bis 1,5 Millionen Euro[8], so WDR Programmbereichsleiter Gebhard Henke. Die Produktionskosten des Kassenschlagers „*Kokowääh*" von Til Schweiger werden auf 5,65 Millionen Euro[9] geschätzt. Letzteres ist in Deutschland ein ansehnliches Budget, in Amerika jedoch eine Low-Budget Produktion. US-amerikanische Spielfilme werden mit erheblich mehr Aufwand produziert. „*Marvel´s The Avangers*" Budget erreichte zum Beispiel die astronomische Summe von 220 Millionen Euro[10].

Für deutsche Spielfilmprojekte sind solche Summen völlig abwegig, selbst ein Budget von „nur" fünf Millionen Euro zu generieren, ist äußerst schwierig. Der Grund hierfür wurde bereits weiter oben genannt: „Film ist ein Hochrisikogeschäft"[11]. Die Herstellung kostet viel Geld, ohne jegliche Garantie, die Ausgaben wieder einzuspielen oder einen Gewinn zu erwirtschaften. Wieso sollte also jemand Geld in ein Produkt investieren, das keine Sicherheiten bietet? Nicht sehr viele Anleger, die wirtschaftlich orientiert sind, gehen auf ein solches Geschäft ein. Genau aus diesem Grund ist die Filmfinanzierung eine solch große Hürde. Der Kinoumsatz in Deutschland bewegt sich jährlich in einem Bereich zwischen 750 Mio. Euro und einer Milliarde.[12] Im Verhältnis zur öffentlichen Wahrnehmung nicht sehr viel. Hier eine Gegenüberstellung: In 2010 betrug der Gesamtumsatz der deutschen Floristen für Schnitt- und Topfblumen 8,6 Milliarden Euro, fast das 10-fache des Kinoumsatzes.[13]

Wie aber ist es trotzdem möglich, Filme zu machen? Irgendjemand muss sich trotz aller Risiken zu solchen Projekten bekennen und diese unterstützen. In Zukunft könnten diese Unterstützer die Zuschauer selbst sein, mit Crowdfunding. Crowdfunding vermindert das Investment Risiko, da das Filmprojekt dialogisch zwischen den Filmschaffenden und den Filmschauenden entsteht. Es ist also beides: Risikominderung und Kreativprozess als Grundlage des neuen Films. Auch die inhaltlichen Gestaltungsmöglichkeiten und das Budget floaten im Prozess bis zur Fertigstellung und Präsentation des Films.

---

[8] Zimmermann, Johanna (2011)
[9] IMDb.com (2011) „*Kokowääh*" Box Office
[10] IMDb.com (2011) „*Marvel´s The Avangers*" Box Office
[11] Vgl. Plarre, Plutonia (2012)
[12] Wendling, Eckhard (2012), S.29
[13] ebenda

2.2 Kunst versus Kommerz – Die Crowd als demokratische Alternative?

Der klassische Diskurs, bei der Beurteilung von Filmen in Europa, spiegelt sich in der Auseinandersetzung zwischen den „intellektuellen" Kunstschaffenden einerseits und den am Businesserfolg messenden Filmunternehmen andererseits wider.

Während in Hollywood der Ursprung des Filmgeschäfts von jeher an ökonomischen Gesichtspunkten[14] gebunden war, ist in Europa Kunst immer auch von Ideologie geprägt. Das Ringen um Meinungsbildung und Einflussnahme auf den Filmbetrachter waren und sind bis heute Triebfedern dieser Diskussion. Nur aus dieser historischen Betrachtung heraus ist der heutige Streit zwischen „Kunst" und Kommerz nachvollziehbar.

Für US-Amerikaner ist die Beurteilung eines Filmerfolgs historisch entschieden. Ist ein Projekt wirtschaftlich erfolgreich, so ist es auch wertvoll. Die Filmbeurteilung in Europa und insbesondere in Deutschland hängt weitgehend von staatlichen oder halbstaatlichen Förderungen ab. Gefördert wird, was hinlänglich „gefällt"? Eher das, was Politiker und politische Beamte sich über Jahrzehnte in Form von Förderrichtlinien erarbeitet haben. Diese Richtlinien sind Abbild der politischen Diskussion und spiegeln den Streit von Ideologie, Meinungsbeeinflussung und der aktuellen Ökonomisierung wider. Die Gefahr die von dieser Subventionierung ausgeht beschreibt Wendling wie folgt:

> „Über 40 Jahre Förderung haben aber keine wirklich vitale, dynamische und aggressive Branche von selbstbewussten und kreativen Filmproduzenten geschaffen, die sich gegenseitig zu übertreffen suchen. Vielmehr entstand ... eine Branche, die sich teilweise äußerst wohnlich in der Subventionslandschaft ... eingerichtet und sich mit ihr arrangiert hat."[15]

Die künstlerische Wertigkeit eines Films wird auch anhand von Auszeichnungen durch Festivals und guten Kritiken anerkannter Fachleute gemessen. Somit sind diese Filme ebenfalls „erfolgreich", nur auf eine andere Art und Weise wie die wirtschaftlichen Erfolgsfilme.

Ergebnis ist eine Lagerbildung. Die Einen beschweren sich über die bevorzugte Behandlung ertragreicherer Filme bei Förderungen, obwohl ihre eigenen Werke doch

---

[14] Wendling, Eckhard (2012), S.19
[15] Ebenda, S.118

soviel wertvoller sind.[16] Die Anderen mokieren sich darüber, dass ihre Publikumsmagneten bei Auszeichnungen und Festivals häufig leer ausgehen, trotz ihres Erfolgs.[17]

Doch schließen sich Wirtschaftlichkeit und künstlerische Wertigkeit wirklich aus? Muss man Filme in Kunst und Kommerz einteilen? Müsste es nicht vielmehr so sein, dass ein Film sowohl die Ambition haben sollte, künstlerisch wertvoll zu sein, als auch gleichzeitig dazu in der Lage, einen Gewinn zu erzielen?

Selbstverständlich gibt es immer wieder Werke, die erst sehr viel später emotional ansprechen und als meisterlich entdeckt werden. Nichts desto trotz gelingt es wirklich großen Künstlern, die Menschen in ihrer eigenen Zeit anzusprechen, weil sie den Zeitgeist erkennen und mit Themen von grundlegender Dauerhaftigkeit verknüpfen. Es gibt genug Beispiele bei denen diese Vereinigung gelungen ist: Der französische Film „Intouchables" (deutscher Titel „Ziemlich beste Freunde") gewann sechs Auszeichnungen verschiedener Festivals, darunter einen César Award.[18] Neben diesen Erfolgen nahm der Film bis Mitte 2012 knapp über 351 Mio. US$[19] ein. Laut der offiziellen deutschen Website hatte er weltweit 8,5 Mio. Zuschauer.[20] „Inception" von Regisseur Christopher Nolan erhielt vier Oscars, 82 weitere Auszeichnungen und war zusätzlich 103 Mal nominiert.[21] Eingenommen hat er bis Anfang 2011 über 825,5 Mio. US$[22]. Tom Tykwers „Lola rennt", einer der erfolgreichsten deutschen Filme, nahm allein in den USA bis Anfang 2000 über 7,26 Mio. US$ ein.[23] Er gewann auf dem renommierten Sundance Festival und erhielt 27 weitere Auszeichnungen, sowie 14 andere Nominierungen.[24] Sein neuer Film „Cloud Atlas" lässt ähnliche Ergebnisse erhoffen. Es ist also nicht unmöglich, sowohl das Publikum anzusprechen, als auch Kunst zu schaffen.

Jeder, der ein Konzept umsetzen möchte, muss sich zwangsläufig mit der Frage beschäftigen, wie er es finanziert. Sofern man nicht in der Lage ist, das Budget aus dem Privatvermögen zu zahlen, muss er Finanziers überzeugen, dass sein Film erfolgreich wird. Reguläre Investoren wollen aus ihrem Einsatz einen Gewinn erzielen. Folge dessen ist, dass nur eine kleine Anzahl von Menschen, seien es die Mitglieder von

---

[16] Roether, Dietmund (2012)
[17] Schenk, Ralf (2008)
[18] IMDB.com (2011) „Ziemlich beste Freunde" Awards
[19] IMDB.de (2011) „Ziemlich beste Freunde" Box Office
[20] Offizielle Website „Ziemlich Beste Freunde"
[21] IMDb.com (2010) „Inception" Awards
[22] IMDb.com (2010) „Inception" Box Office
[23] IMDb.com (1998) „Lola rennt" Box Office
[24] IMDb.com (1998) „Lola rennt" Awards

Fördergremien, Koproduzenten oder Sonstige, darüber entscheiden, ob die Idee des Filmemachers wert ist, verwirklicht zu werden.

Die Kinogänger selbst entscheiden zu lassen welche Filme sie interessieren und emotional berühren, ist die Lösung des Streits über Kunst oder Kommerz. Mit Hilfe von Crowdfunding wird die Frage nach dem Wert eines Films beantwortet, weil das Publikum eine Vorauswahl trifft, welche Ideen umgesetzt werden sollen, es also „wert" sind verfilmt zu werden. Das Publikum wird zum Finanzier und zum Förderer der Kultur, nicht mehr staatliche Institutionen, wie es in Deutschland üblich ist. Die Rezipienten spüren mit Sicherheit besser, was der eigenen Lebenswirklichkeit entspricht, als eine kleine Auswahl daraus. Wichtig ist es, die Zuschauer nicht zu unterschätzen, ihnen gar das Recht abzusprechen, entscheiden zu können, was Kunst ist.

3 Von der Idee zum Film – Filmherstellung und Vermarktung als Prozess

Nachdem im vorangegangenen Kapitel die Beweggründe und die Situation von Filmschaffenden dargestellt wurden, wird in diesem Abschnitt ein genauerer Blick auf die Stationen geworfen, die eine Idee durchlaufen muss, bevor sie als Film veröffentlicht werden kann. Besonderes Augenmerk liegt auf den finanziellen Aspekten der Filmherstellung. Bei allen weiteren Ausführungen ist zu bedenken, dass hier mit Filmproduktion eine Projektfinanzierung und keine Unternehmensfinanzierung von Filmproduktionen gemeint ist.

3.1 Der Entstehungsprozess

Mit dem Entstehungsprozess ist hier der Zeitraum im Lebenszyklus eines audiovisuellen Mediums gemeint, in welchem aus der Idee eines Autors ein erster, fertig geschnittener und vertonter Film entsteht. Zu diesem Zeitpunkt ist er noch nicht veröffentlicht worden.

3.1.1 Die Preproduktion, Drehphase und Postproduktion

Abbildung 1: Filmherstellungsprozess[25]

Die Preproduktion
Jeder Film hat eine Geschichte, die auf Büchern, wahren Begebenheiten oder reiner Fantasie basiert. Fernsehsender oder Produktionsfirmen erteilen Autoren den Auftrag ein Drehbuch nach vorgegebenen Richtlinien zu schreiben, damit sie es verfilmen und verwerten können. Neben Auftragsarbeiten schreiben Drehbuchautoren diese „Scripts" auch ohne Auftrag, um sie Produktionsfirmen, Sendern oder Förderungen anzubieten, in der Hoffnung, dass das Konzept auf Zustimmung trifft und die Realisierung damit

---

[25] eigene Darstellung

möglich wird. Bis zum fertigen Drehbuch, ist es üblich, dass zunächst nur ein Exposé[26] und ein Treatment[27] angefertigt werden, um auf dieser Grundlage Geldgeber zu finden, die ein Potential in der Idee sehen. Bis zur tatsächlichen Verfilmung des Drehbuchs wird es jedoch noch viele Male überarbeitet.[28] Jedes Drehbuch braucht einen ersten Unterstützer, einen Produzenten, der die Idee sowohl finanziell als auch mit Knowhow begleiten und umsetzen kann. Diese Produzenten sind Firmen oder auch Einzelpersonen. Der Drehbuchautor selbst kann diese Rolle übernehmen, wenn ausreichend finanzielle Mittel für die Anfangsfinanzierung vorhanden sind.

Der nächste Schritt auf dem Weg zur Verfilmung des Drehbuchs ist die Suche nach einem Regisseur, einem Kameramann und einem Szenenbildner. Der Regisseur befasst sich mit der Geschichte und den Charakteren und überlegt sich, wie das geschriebene Wort des Drehbuchs in Bilder umgesetzt werden kann. Er versucht gemeinsam mit dem Kameramann und dem Szenenbildner ein in sich visuell und inhaltlich stimmiges Konzept zu entwickeln. Das Drehbuch wird hierbei ständig bearbeitet und verändert, um es optimal und schlüssig zu gestalten. Auch diese Vorbereitung kostet bereits Geld, auch wenn noch kein einziges Bild geschossen wurde. Kostenpunkte sind hauptsächlich die Arbeitsstunden und die Recherchearbeit, die nicht nur am Computer oder in Bibliotheken stattfindet sondern auch Reisen beinhalten kann.

Der Produzent sucht parallel dazu Partner, die das Projekt gemeinsam mit ihm finanziell tragen wollen. Selten bleibt es bei einer Monofinanzierung. Sobald ein Großteil der Finanzierung gesichert ist, werden weitere Arbeitskräfte in das Projekt mit eingebunden. Äußerst wichtig ist, dass der Produzent vertraglich festhält, dass ihm sämtliche Rechte am Film zufallen. Ansonsten kann es erhebliche Probleme bei der finanziellen Auswertung des Films und somit dem Lizenzhandeln geben. Ein Produzent kann die Rechte, wie z.B. das Recht eines TV Senders, den Film senden zu dürfen, nicht verkaufen, wenn ihm beispielsweise die Rechteabtretung der Schauspieler nicht vorliegt.

Ein Herstellungsleiter überwacht im Auftrag des Produzenten die Ausgaben- sowie die zeitliche Planung. Der Produktionsleiter, welcher dem Produzenten und dem Herstellungsleiter untergeordnet ist, organisiert die gesamte Projektumsetzung. Unterstützt

---

[26] Exposé: Ist eine ca. dreiseitige Inhaltsangabe des Drehbuchs in der auch die Charaktere und der Handlungsablauf kurz beschrieben werden [vgl. DrehbuchWerkstatt München]
[27] Treatment: Ist eine Erzählung des Drehbuchs, die Länge entspricht ca. ¼ der Länge des endgültigen Drehbuchs. [vgl. Allary Film TV & Media]
[28] Field, Syd (2000)

wird er von seinem Team: der Buchhaltung, der Aufnahmeleitung und einigen Büroassistenten. In ständiger Absprache mit den kreativen Abteilungen wie Regie, Kamera, Szenen-, Kostüm-, und Maskenbild wird die Umsetzung des Drehbuchs akribisch vorbereitet. Bei Drehs, die mit vielen Computeranimationen arbeiten, werden diese schon geschrieben. Geeignete Crewmitglieder, Drehorte und Schauspieler werden gesucht. Auch der Look des Films, wie Kamera- und Lichtstil, Kostüme und die Inszenierung, wird ausgearbeitet.

Die Drehphase
Nachdem sämtliche Vorbereitungen abgeschlossen sind, geht das Projekt in die Drehphase. Hierfür werden weitere Teammitglieder benötigt, die in der Vorbereitungsphase noch nicht dabei waren. Die Produktionsabteilung wird durch die Set-Aufnahmeleitung und Set Assistenten erweitert, welche die Dreharbeiten vor Ort koordinieren und organisieren. Der Kameramann wird durch ein ganzes Team unterstützt: einen 1. Kameraassistenten oder auch „Focus Puller" genannt, einen zweiten Kameraassistenten, einen Data-Wrangler bei Digitalkameras oder einen Materialassistenten bei Kameras, durch die noch Celluloid läuft. Je nach Aufwand des Drehs werden einige dieser Positionen zusammengelegt oder erweitert, wenn man zum Beispiel mehr als eine Kamera hat. Abteilungen wie Ton, Licht oder Baubühne kommen hinzu, andere werden aufgestockt: Szenenbild durch Requisiteure, Ausstattung und Szenenbau, Kostümbildner durch Garderobieren, Regie durch Komparsenbetreuung und je nach Aufwand weitere Regieassistenten, Maskenbild durch Hairstylisten und Assistenten. Zusätzlich kann es auch Special und Visual Effects Abteilungen, Stuntkoordinatoren, Waffenmeister, Tiertrainer oder Kinderbetreuer geben. Diese Liste lässt sich weiter fortsetzen. Jedes Drehbuch bietet dabei völlig andere Heraus- und Anforderungen.

Sobald das Team vollständig ist, fangen die Dreharbeiten nach einem zuvor genau festgelegten Drehplan an. Selten wird das Drehbuch chronologisch abgedreht. Die Reihenfolge, in der die Szenen aufgenommen werden, richtet sich unter anderem nach den Drehorten, den Spieltageszeiten und der Verfügbarkeit der Schauspieler.

Die Postproduktion
Sind die Szenen und Einstellungen fertig abgedreht, werden sie im Schnitt so zusammengefügt, dass die Geschichte wie im Drehbuch erzählt wird. Zum Schnitt gehören auch das Erstellen und Einarbeiten von Computeranimationen und sonstige Nachbearbeitungen des Filmmaterials. Sobald der Schnitt abgeschlossen ist, beginnt die Tonmischung: das richtige Anlegen von Stimmen und Geräuschen sowie die Angleichung von Tonwerten. Parallel dazu findet das Color Grading statt, bei dem die Farben des Films angepasst werden. Zum Schluss wird die Musik komponiert und angelegt, sowie Synchronisationen in andere Sprachen erstellt. Letzteres ist recht selten und eher bei großen Filmen üblich. Häufig werden Extras angefertigt, wie zum Beispiel ein Making

Off, Kommentare der Filmemacher, eine Zusammenstellung missglückter Szenen oder ähnliches.

Am Ende der Postproduktion liegt die fertige Version des Films vor. Die bis dahin angefallenen Kosten sind einzig zur Erstellung des Films aufgewendet worden. Zu diesem Zeitpunkt wurde der fertige Film noch nicht vervielfältig und damit noch keinem Zuschauer gezeigt. Ein Pre-Marketing fängt häufig parallel zu den Dreharbeiten an.

3.1.2 Die Suche nach einer Möglichkeit das Projekt zu finanzieren

Die systematische Erschließung und Akquise finanzieller Ressourcen stellt eine besondere Herausforderung dar. Die Drehbuchautoren können auch Regisseure oder Produzenten sein. Sie müssen ihr Projekt präsentieren und von ihrer Produktidee überzeugen, bis weitere Unterstützer gefunden sind, welche die Finanzierung mittragen. Ein Treatment oder auch Drehbuch wird vielfach verschickt und „gepitcht". Ein Drehbuch Pitch ist eine Präsentation der eigenen Idee vor potenziellen Finanziers, mit dem Ziel, die Finanzierung durch Verträge zu sichern. Denn auch wenn der Autor Eigenkapital mit einbringen kann, so sind die Kosten eines Filmprojkts so groß, dass diese ohne Partner nicht tragbar wären. Einige Budgetbeispiele sind bereits weiter oben vorgestellt worden. Laut dem *„Filmstatistischen Jahrbuch 2011"* der Spitzenorganisation der Filmwirtschaft e.V. (SPIO) betrugen die durchschnittlichen Produktionskosten in Deutschland pro Projekt in 2010 4,1 Mio. Euro[29].

Die FFA stellt ein Kalkulationsschema zur Verfügung. In diesem werden die Kostenpunkte einer Filmproduktion ersichtlich. In den Anlagen findet sich eine kurze Übersicht über die wichtigsten Positionen einer Filmkalkulation.

Neben dem reinen Akquirieren von Geldmitteln geht es bei der Suche nach Partnern auch darum, das Finanzierungsrisiko zu streuen, auf mehr Fördertöpfe zugriff zu haben und unter Umständen das Auswertungsgebiet zu vergrößern. Sogar große Firmen, die einen Film ganz alleine stemmen könnten, laufen Gefahr insolvent zu werden, wenn sich dieser als wirtschaftlicher Misserfolg herausstellt.

---

[29] Flechsig u.a. (2011), S.16

Aus den oben genannten Gründen erfordert es unbedingt mehrere Partner um Filmprojekte realisieren zu können. Hier ein Schaubild über die Finanzierungsstruktur deutscher Kinofilme.

Finanzierungsstruktur deutscher Kinofilme 2004-2006

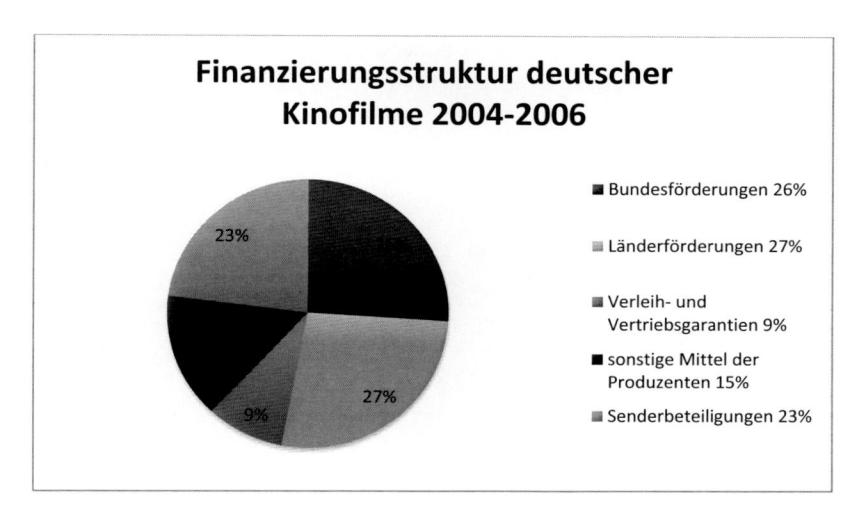

- Bundesförderungen 26%
- Länderförderungen 27%
- Verleih- und Vertriebsgarantien 9%
- sonstige Mittel der Produzenten 15%
- Senderbeteiligungen 23%

Abbildung 2: Finanzierungsstruktur deutscher Kinofilme 2004-2006[30]

Wie man anhand der Abbildung 2 erkennen kann, werden die Filme hierzulande sehr stark von staatlichen Hilfen unterstützt. Bundes- und Länderförderungen zusammengenommen bilden 53% der gesamten Filmfinanzierung. Auch in den Senderbeteiligungen stecken bis zu einem gewissen Teil Gelder des Staats. Diese Senderbeteiligungen sind sowohl die des Privatfernsehens, als auch teilweise Beteiligungen von öffentlichrechtlichen Sendern. Deren Budget besteht zu einem Großteil aus GEZ-Gebühren. Wie viel Prozent der Senderbeteiligungen an Filmen tatsächlich aus diesen Gebühren stammen, wird hier nicht ersichtlich.

Die in der Darstellung aufgeführten Finanzierungspartner werden in Kapitel 4 „Quellen der Filmfinanzierung" genauer betrachtet und erläutert.

---

[30] Vgl. Castendyk, Oliver, S.62, eigene Darstellung

3.2 Der Vertrieb, die Auswertung und die Erlösrückführung

Der Film ist fertiggestellt, die erste Kopie vorhanden. Die Schlüsselfragen sind jetzt: Wie gelangt der Film in die Kinos, auf DVD oder ins Fernsehen? Wer sorgt dafür, dass die Zuschauer vom Film erfahren? Wie erhält der Filmemacher seinen Anteil am Erlös?

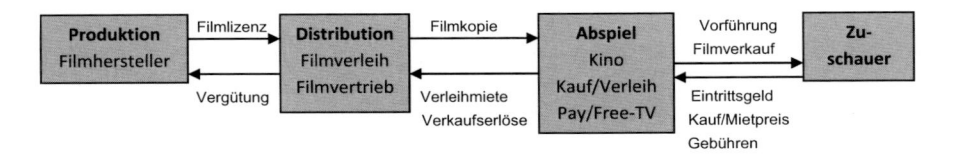

| Produktion Filmhersteller | Filmlizenz → ← Vergütung | Distribution Filmverleih Filmvertrieb | Filmkopie → ← Verleihmiete Verkaufserlöse | Abspiel Kino Kauf/Verleih Pay/Free-TV | Vorführung Filmverkauf → ← Eintrittsgeld Kauf/Mietpreis Gebühren | Zu- schauer |

Abbildung 3: Kreislauf der klassischen Filmwirtschaft[31]

In Anlehnung an Storm zeigt Abbildung 3 den Kreislauf der klassischen Filmwirtschaft, ergänzt durch weitere Verwertungsstationen.

Nach Filmerstellung, gibt der Produzent den Film an seine Partner Filmverleih und Filmvertrieb weiter. Diese haben die Herstellung des Films mit ihren Verleih- und Vertriebsgarantien finanziell unterstützt[32]. Im Gegenzug erhalten sie vom Produzenten die Lizenz, den Film auszuwerten. Genauer wird hierauf in Kapitel 4.3.2 „Kinoverleih und Filmvertrieb als Finanzierungspartner" eingegangen. Auch das Pre-Marketing wird von Verleihern und Vertrieben übernommen. Verleih und Vertrieb koordinieren jetzt die Auswertung, die in der Regel wie in folgender Darstellung abgebildet verläuft:

---

[31] Vgl. Storm, Sebastian (2000), S.50, und Wendling, Eckhard (2012), S.81; eigene, erweiterte Darstellung
[32] Vgl. Abbildung 2

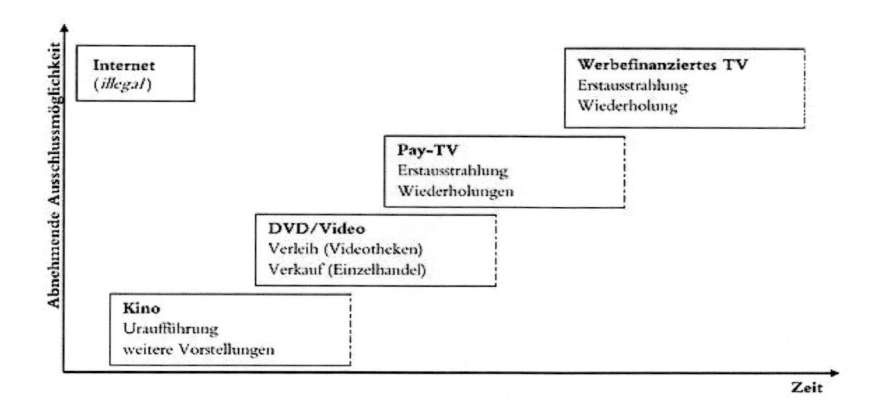

Abbildung 4: Das Windowing[33]

Das „Windowing", oder auch Verwertungskettenkonzept[34] sieht vor, dass das Produkt Film gestaffelt auf den Markt gebracht wird. Die erste Stufe ist die Veröffentlichung im Kino. Klassischerweise beginnt nach circa einem Jahr die zweite Stufe: der Verkauf und Verleih von DVD´s und Blu-Ray´s. Kurze Zeit später, teilweise gleichzeitig, wird der Film auf Pay-TV Sendern ausgestrahlt. Letztendlich, frühestens 24 Monate nach Kinostart, ist der Film auch im Free-TV zu sehen. Laut Wendling[35] ist es jedoch mittlerweile so, dass DVD´s bereits nach einem viertel Jahr, oder gleichzeitig mit Kinostart erscheinen. Dementsprechend verkürzen sich die nachfolgenden Verwertungsstufen. Grund für diese Verkürzung sind zum einen die illegalen Raubkopien denen man zuvorkommen möchte und zum anderen die Anzahl der Filme, die in die Kinos kommen. Die Anzahl der Leinwände bleibt seit 2002 relativ konstant[36], die Zahl der Filme steigt[37]. Logische Folge davon ist, dass sich die Zeit, in der ein Film im Kino zu sehen ist, verkürzen muss. In den letzten Jahren ist eine weitere Verwertungsstufe hinzugekommen: die Auswertung durch Video-On-Demand, Pay-per-View und Ähnlichem.

Die Erlöse, gehen nicht direkt zurück an den Produzenten, sondern werden nach einem zuvor festgelegten Ausschüttungsplan verteilt. Diesen Vorgang nennt man „Erlösrückführung" oder auch „Recoupment". Folgendes fiktives Beispiel für einen

---

[33] Vgl. Goldhammer, Klaus (2006), Darstellung: bpb Bundeszentrale für politische Bildung
[34] ebenda
[35] Wendling, Eckhard (2012), S.84f
[36] Zwirner, Anke (2012), S.34
[37] Castendyk, Oliver (2008), S.106

Kinofilm soll den Ablauf dieser Erlösrückführung verdeutlichen: Zunächst ist ein Finanzierungsplan zu sehen, aus dem ersichtlich wird, wer mit wie viel Geld an der Herstellung des Films beteiligt war. Als prozentuale Vorlage dient Abbildung 2.

Finanzierungsquelle	Prozent	Summe
Produktionsbudget	100%	3.500.000 €
Senderbeteiligungen	23 %	805.000 €
Verleih- und Vertriebsgarantien	9%	315.000 €
Länderförderung 1 (z.B. FFF)	18%	630.000 €
Länderförderung 2 (z.B. MBB)	9%	315.000 €
Bundesförderung (z.B. FFA)	26%	910.000 €
Eigenanteil	15%	525.000 €

Tabelle 1: Finanzierungsplan Kinospielfilm[38]

Als nächstes wird die Verteilung der Erlöse aus den Einspielergebnissen betrachtet, in der Annahme, dass der Film eine Million Zuschauer hatte und der durchschnittliche Eintrittspreis bei 7,39€[39] angesetzt wird. Es wird das Standardmodell[40] verwendet.

Kino Einspielergebnis bei 1 Mio. Besucher	Karte je 7,39€	7.390.000,00€
Abzgl. MwSt.	7%	517.300,00€
Kino Bruttoeinnahme		6.872.700,00€
Abzgl. FFA Abgabe	3%[41]	206.181,00€
Kino Netto		**6.666.519,00€**
Verleihmiete (=**Verleihnetto**[42])	45%	2.999.933,55€
Abzgl. Vertriebsprovision / Verleihspesen	30%[43]	899.980,07€
Produzentenanteil		2.099.953,48€
Abzgl. Verleihvorkosten[44] (geschätzt)		850.000,00€
Produzentennetto (Rückflüsse Kino)		**1.249.953,48€**

Tabelle 2: Erlösverteilung Kinoeinnahmen[45]

---

[38] eigene Darstellung und Berechnung, Berechnungsgrundlage Abbildung 2
[39] Vgl. SPIO e.V. (2012); laut SPIO betrug der durchschnittliche Kinokartenpreis in 2011: 7,39€
[40] Alternative Erlösverteilungsmodelle werden im nächsten Kapitel vorgestellt.
[41] Vgl. FFA (2012): „Die Filmabgabe", S.4
[42] Kino behält 55% des Kino Netto als Umsatz, 45% muss es an den Verleiher als Filmmiete abgeben.
[43] Siehe Fußnote 41
[44] Verleihvorkosten = Aufwendungen des Verleihers, die er für Werbung, Vervielfältigung, etc. benötigt. Variieren je nach Filmprojekt.
[45] Eigene Berechnungen, Darstellung angelehnt an Zwirner (2012), S.146; Wendling (2012), S.96

Der Produzent erhält demnach ca. 1,25 Mio. € durch die Kinoaufführung. Der Film hat jedoch 3,5 Mio. € gekostet, obwohl die Anzahl der Zuschauer mit einer Million sehr optimistisch gewählt ist, kann er mit diesen Einnahmen seine Kosten nicht decken.

Im Jahr 2011 starteten 1067 deutsche Filme, die von 27.946.489 Besuchern gesehen wurden, pro Film sind das im Schnitt lediglich 26.191,65 Zuschauer.[46] Deutschsprachige Filme haben nur eine geringe Reichweite und damit ein relativ kleines Auswertungsgebiet, sofern sie nicht in andere Sprachen übersetzt werden, was sich für kleine Filme praktisch nicht lohnt. In nachfolgender Grafik ist eine mögliche Variante des Recoupmentplans für die Rückführung der Kinoerlöse abgebildet.

Rang	1.	2.	3.	Summe
Kinoerlöse	1.250.000,00€			
Zu verteilender Erlös/Resterlös	525.000€	725.000€	offen	1.250.000,00€
Länderförderung 1	0€	123.113,21€	0€	123.113,21€
in % der Erlöse	0%	16,98%	0%	
Länderförderung 2	0€	61.556,60€	0€	61.556,60€
in % der Erlöse	0%	8,49%	0%	
Bundesförderung	0€	177.830,19€	0€	177.830,19€
in % der Erlöse	0%	24,52%	0%	
Produzent	525.000€	362.500€	offen	**887.500€**
in % der Erlöse	100%	50%	100%	

Tabelle 3: Recoupmentplan[47]

Im ersten Rang wird der Produzentenanteil, den er in die Finanzierung mit eingebracht hat, beglichen. Im zweiten Rang erhält der Produzent 50% der Einnahmen, die restlichen 50% werden prozentual auf die Förderungen verteilt. Dieser Verteilungsschlüssel ist von den Förderregularien festgesetzt, betrifft also nur Filme die durch Förderungen unterstützt werden.[48] Der Prozentsatz richtet sich nach deren Investitionssumme. Die Berechnung, um diesen Prozentsatz zu errechnen, lautet wie folgt:

(Fördersumme : Gesamtfördersumme) : 2 = in % der Erlöse
Resterlös (50% von 725.000€) x in % der Erlöse = Summe die der Förderung zusteht

---

[46] Vgl. FFA (2012): „Zahlen aus der Filmwirtschaf – Marktanteile in deutschen Kinos 2011" S.14
[47] Eigene Berechnungen, Darstellung angelehnt an Zwirner (2012), S.156; Wendling (2012), S.124
[48] Vgl. FFA (2012): „Fragen und Antworten zur Förderung von Filmproduktionen", S.5

Nicht alle Förderungen müssen zurückgezahlt werden. Die Förderungen in obigem Beispiel sind bedingt rückzahlbare Darlehen[49], welche erst beglichen werden müssen, wenn der Produzent seine eigenen Aufwendungen ausgleichen konnte. Auf diese Förderregularien wird später näher eingegangen. In diesem Beispiel werden nicht genügend Kinoerlöse generiert, um die Darlehen der Förderungen vollständig zurückzuzahlen. Der dritte Rang schließlich geht zu 100% auf den Produzenten über, nachdem die Darlehen aus weiteren Erlösquellen zurückgezahlt wurden, wobei zu beachten ist, dass diese Darlehen gewisse Laufzeiten haben. Nach Ablauf dieser Fristen darf der Produzent weitere Erlöse einbehalten, auch wenn die Darlehen noch nicht vollständig beglichen sind.

Wie ein Mittelrückflussplan gestaltet ist, ist Verhandlungssache. Es kann auch sein, dass dem Produzenten im 1. Rang 100% der Erlöse zustehen[50], auch wenn diese seinen geleisteten Eigenanteil an der Finanzierung übersteigen. Dementsprechend würden die Förderungen gar nicht, oder erst bei Erlösen aus anderen Vertriebswegen berücksichtigt. Ebenfalls möglich ist die Einrichtung von Korridoren, bei der z.B. Schauspieler, Regisseure, Kameramänner oder aber auch andere Investitionspartner, wie die Sender von Anfang an beim Mittelrückfluss bedacht werden.[51]

---

[49] Wendling, Eckhard (2012), S.122
[50] Zwirner, Anke (2012), S.158
[51] ebenda, S.160

4 Quellen der Filmfinanzierung

Im vorangegangenen Kapitel ist der prozesshafte Ablauf der Filmherstellung erläutert worden. Dieses Kapitel wird die herkömmlichen Quellen der Filmfinanzierung in Deutschland herausstellen. Neben dieser Vorstellung wird nach den jeweiligen Beweggründen gefragt, in die Filmbranche zu investieren. Eventuelle Abhängigkeiten oder Querverbindungen zwischen den Institutionen werden ebenfalls aufgezeigt.

4.1 Staatliche und suprastaatliche Filmförderungen

Als erstes Finanzierungselement werden nachfolgend die deutschen und europäischen Förderinstitutionen vorgestellt. Diese Einrichtungen sind für den deutschen Film essentiell. Ohne sie würde in Deutschland nur eine begrenzte Anzahl an Filmen hergestellt werden können. Förderungen sind also ein fester Bestandteil der gängigen Filmfinanzierungsmethoden. Um Fördermittel zu erhalten, müssen je nach Institution unterschiedliche Voraussetzungen gegeben sein, die mit Fragebögen und Punktesystemen ermittelt werden. Oft sind die Produzenten gehalten einen bestimmten Anteil der Gesamtherstellungskosten selbst zu tragen, oder Verträge über Absicherungen der restlichen Finanzierung oder Verbreitung vorzulegen. In Sachen Drehort ist vorgegeben, dass der Film in Deutschland oder der EU gedreht wird, Cast und Crew europäisch oder deutsch sind, sowie der Inhalt des Films mit der deutschen oder europäischen Kultur und Lebenswirklichkeit zu tun hat. Mit Sicherheit wird auch kein Film gefördert, der Dinge propagiert, die mit den Grundwerten oder Gesetzen nicht übereinstimmen. Hier eine kleine Übersicht über die Struktur der Filmförderung[52]:

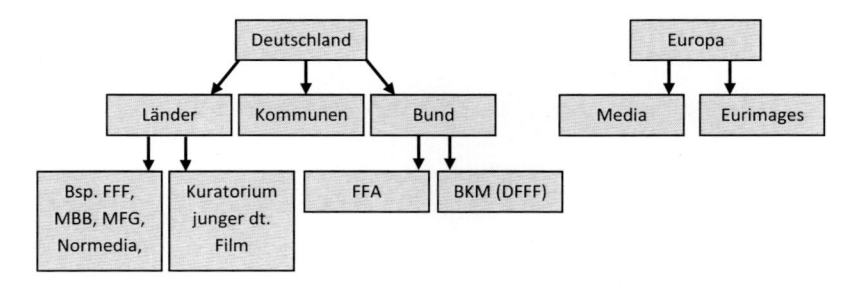

Abbildung 5: Struktur der Filmförderung

---

[52] eigene Darstellung, angelehnt an Castendyk, Oliver (2008) S.65

4.1.1 Die deutschen Filmförderungen

In Deutschland gibt es unzählige Filmförderungen, sowohl auf Bundesebene, als auch auf Länderebene. Sie haben sich jeweils ganz unterschiedliche Förderziele gesetzt. Unterschieden wird häufig zwischen Wirtschafts- und Kulturförderung, wobei die Fördereinrichtungen sich nicht unbedingt auf eine dieser beiden festfahren, sondern beides anbieten.

Die Förderungen sind verschiedene Hilfestellungen, um die Filmwirtschaft zu unterstützen und bestimmte Filme erst möglich zu machen. Folgende Förderarten werden von den Fördereinrichtungen praktiziert:

- reine Zuschüsse
- unbedingt rückzahlbare Darlehen
- bedingt rückzahlbare Darlehen

Reine Zuschüsse müssen nicht zurück gezahlt werden, zu ihnen zählen auch Referenzmittel und Filmpreise. Unbedingt rückzahlbare Darlehen sind in jedem Fall zurückzuerstatten. Bedingt rückzahlbare Darlehen müssen nur dann zurück an die Förderer überwiesen werden, wenn ein Gewinn erwirtschaftet wird.[53] Das weiter oben erläuterte Recoupmentmodell beinhaltet z.B. solche bedingt rückzahlbaren Förderungen. Definition Referenzmittel:

„Referenzmittel sind Prämien der Filmförderungen, resultierend aus dem Zuschauer- oder dem Festivalerfolg eines vom Produzenten bereits ausgewerteten Filmes. Diese Referenzmittel können in ein neues Filmprojekt zweckgebunden investiert werden."[54]

Grundlage der Förderungen ist das Filmfördergesetz (FFG), welches seit 1967 existiert und in regelmäßigen Abständen novelliert wird. Aktuell gilt laut FFA das achte FFG aus dem Jahr 2004, zuletzt erneuert mit dem 6. „Gesetz zur Änderung des FFG" vom 31.07.2010.[55] Das neue FFG wird in 2013 ausgearbeitet und soll 2014 in Kraft treten. Hier der Link zum aktuellen Filmfördergesetz, zu finden auf der Homepage der FFA: http://www.ffa.de/downloads/ffg.pdf.

---

[53] Castendyk, Oliver (2008), S.71
[54] Vgl. Wendling, Eckhard (2012), S.234
[55] FFA (2012) „FFG und Regelungen"

Bundesförderungen

Es gibt zwei Förderungen auf Ebene des Bundes: Die Filmförderungsanstalt (FFA), sowie den Deutschen Filmförderfonds (DFFF) der seit 2007 aktiv ist und der Aufsicht des „Beauftragten der Bundesregierung für Kultur und Medien" (BKM) unterliegt. Das Fördervolumen beider Förderungen zusammen beläuft sich jährlich auf ca. 90 Mio. €.[56]

Die Filmförderungsanstalt der Bundesrepublik Deutschland (FFA):
Sie ist im Gegensatz zu den Länderförderungen tatsächlich eine „Anstalt des öffentlichen Rechts", hat damit das Recht Gelder einzutreiben und unterliegt dem FFG, sowie weiteren Richtlinien.[57] Die Aufgaben[58] der FFA sind im FFG festgesetzt und beinhalten unter anderem:

- Die Förderung des deutschen Films und der Struktur der deutschen Filmwirtschaft;
- Unterstützung der Filmschaffenden z.B. durch Marktforschung, Verteidigung des Urheberrechts sowie der Filmbildung junger Menschen;
- Optimierung der Verbreitung und Auswertung deutscher Filme im In- und Ausland;
- Unterstützung von deutsch-ausländischen Koproduktionen;
- Verbesserung der Zusammenarbeit zwischen Sendern und Filmwirtschaft;
- Koordinierung der Bundes- und Länderförderungen;

Die Fördermaßnahmen[59], die die FFA zur Erfüllung ihrer Aufgaben ergreift, sind vielfältig und umfassend. Gefördert werden:

- Produktion
- Verleih und Marketing
- Filmtheater
- Digitalisierung der Filmtheater (gemeinsam mit BKM)
- Videowirtschaft (Programmanbieter und Videotheken)
- Drehbuchentwicklung
- Filmberufliche Weiterbildung

Was gefördert wird entscheidet die Vergabekommission, welche aus zwölf Mitgliedern besteht.[60] Die Referenzmittelförderung sind Zuschüsse, alle anderen Förderungen sind bedingt rückzahlbare Darlehen.[61]

---

[56] BKM (2012) „Filmförderung"
[57] Castendyk, Oliver (2008), S.65
[58] FFG § 2 Aufgaben der FFA
[59] FFA (2012) „Förderbereiche"
[60] FFG §7 Vergabekommission

Deutscher Filmförderfonds (DFFF) und der Beauftragte der Bundesregierung für Kultur und Medien (BKM)

Der DFFF wird vertreten durch den Beauftragten der Bundesregierung für Kultur und Medien (BKM), zurzeit ist dies Bernd Neumann. Eigens gesetzte Ziele[62] des BKM, die auf den DFFF übertragbar sind, lauten:

1. Den künstlerischen Rang des deutschen Films zu steigern;
2. Zur Verbreitung entsprechender Filme beizutragen;
3. Entwicklung der Filmtheater als Kulturstätten;

Förderbereiche[63] des BKM sind:

- Produktionsförderung von programmfüllenden Spiel-, Dokumentar-, Kurz- und Kinderfilmen;
- Drehbuchförderung von Spiel- und Kinderfilmen;
- Projektentwicklung für Kinderfilme
- Kopienförderung;
- Verleihförderung;

Zusätzlich werden vom BKM noch eine Reihe von Preisen vergeben, darunter der deutsche Filmpreis, der deutsche Kurzfilmpreis und der deutsche Drehbuchpreis. Diese Preise hängen jedoch nicht mit dem Fördertopf des DFFF zusammen. Unabhängige Gremien entscheiden über die Förderanträge, wobei die Förderungen bedingt rückzahlbare Darlehen sind.[64]

Das Besondere am DFFF hingegen ist, dass die Förderungen nach Einreichung eines Antrags automatisch erfolgen, sofern die Voraussetzungen erfüllt sind.[65] Hier entscheidet also nicht mehr eine kleine Gruppe von Menschen oder gar eine Einzelperson über die Vergabe. Die DFFF Fördermittel sind im Gegensatz zu den Mitteln des BKM reine Zuschüsse, müssen also nicht zurückgezahlt werden.

---

[61] FFG §29 Rückzahlung
[62] Filmförderungsrichtlinien der BKM (2005) I. Allgemeines 1. Förderungsziele
[63] BKM (2012) „Förderbereiche"
[64] Filmförderungsrichtlinien der BKM (2005) I. Allgemeines 4.1 Förderungsentscheidungen
[65] Wendling, Eckhard (2012) S.138

Länderförderungen

Beinahe jedes Bundesland hat eine Landesförderung, zusätzlich gibt es noch das Kuratorium junger deutscher Film, welches bundesländerübergreifend agiert. Das KjdF ist eine öffentliche Stiftung, die von allen Bundesländern gemeinsam finanziert wird und somit eigentlich auf nationaler Ebene anzusiedeln ist. Das besondere Förderungskriterium der Länderförderer, neben den in der Einleitung dieses Kapitels genannten Punkten, sind die sogenannten Ländereffekte. Diese verlangen vom Produzenten, dass ein bestimmter Prozentsatz, teilweise weit über 100% der Länderfördersumme, in dem jeweiligen Bundesland ausgegeben werden muss. Wenn ein Produzent nun von zwei Länderförderern unterstützt wird, ist er dazu gezwungen diese Länderquote zu erfüllen, indem er zum Beispiel Teile seiner Crew aus dem einen und den Rest aus dem anderen Bundesland bucht. Er kann auch in beiden Bundesländern drehen. Es gibt hier unzählige Möglichkeiten diesen Ländereffekt zu erfüllen, in jedem Fall ist dies jedoch mit erheblichen Mehrkosten, wie z.B. Reise- und Hotelkosten, organisatorischen Komplikationen sowie gewissen Einschränkungen in der Gestaltung verbunden.

Hier eine Liste der Fördereinrichtungen auf Länderebene, die jedoch keinen Anspruch auf Vollständigkeit erhebt.

- MFG – Medien und Filmgesellschaft Baden-Württemberg
- FFF – Film und Fernsehfond Bayern
- MBB – Medienboard Berlin-Brandenburg GmbH
- Filmbüro Bremen e.V.
- Nordmedia – die Mediengesellschaft Niedersachsen/Bremen mbH
- FFHSH – FilmFörderung Hamburg Schleswig-Holstein
- Medienstiftung Hamburg/Schleswig-Holstein
- Hessische Filmförderung
- HessenInvestFilm
- Kulturelle Filmförderung Mecklenburg-Vorpommern
- Film- und Medienstiftung NRW
- Rheinland-Pfalz Kultusministerium
- Saarland Medien GmbH
- MDM – Mitteldeutsche Medienförderung GmbH
- KjdF – Kuratorium junger deutscher Film

Die Fördervolumina dieser Einrichtungen sind unterschiedlich groß. Zum Beispiel vergab der FFF in 2010 eine Fördersumme von 30 Mio. €[66], wohingegen die Hessische Filmförderung in 2011 nur 2,5 Mio. €[67] zur Verfügung stellen konnte.

Genauso vielfältig sind die Förderziele. Einige widmen sich eher der kulturellen, andere der wirtschaftlichen Förderung. Das Spektrum der geförderten Bereiche ist bei den einzelnen Förderungen bei weitem nicht so vielfältig, wie das der FFA.

Im Unterschied zu dieser, sind die Rechtsformen der nationalen Förderungen häufig die einer Gesellschaft oder eines eingetragenen Vereins. Die Länderförderungen sind also keine Anstalten des öffentlichen Rechts. Auch die hier aufgeführten „Stiftungen" sind tatsächlich keine Stiftungen sondern GmbHs.[68]

Wer Förderzuwendungen erhält, wird in den meisten Fällen durch Gremien entschieden, einige nutzen auch das Intendantenmodell. Hier entscheidet nur eine einzige Person über die Annahme oder die Ablehnung eines Förderantrags.

4.1.2 Die europäischen Filmförderungen

Eurimages – European Cinema Support Fund
Der Eurimages Fund wurde 1988 aufgesetzt, mittlerweile gehören 36 Staaten zu den Antragsberechtigten. Ziel von Eurimages ist es, die europäische Produktion und Distribution der Filmindustrie zu unterstützen, sowie die Kommunikation zwischen Produzenten der teilnehmenden Länder zu fördern. Das jährlich zur Verfügung stehende Budget beträgt 800.000 €.[69]

Diese Hilfsprogramme[70] bietet Eurimages:

- Co-Produktion
- Distribution
- Kino
- Kino Digitalisierung

---

[66] Wendling, Eckhard (2012) S.148
[67] Hessische Filmförderung: „Fördermittel"
[68] Ruh, Dr. Sabine Theodora (2010)
[69] Eurimages (2012): „What We Do"
[70] ebenda

Die Förderentscheidungen werden von den Eurimages Mitgliedern gefällt.[71] Antragsberechtigt für die Produktionsförderung sind nur Koproduktionen, bestehend aus zwei oder mehr Produzenten, die eine Staatsbürgerschaft der 36 am Eurimages Fund beteiligten Länder besitzen.[72] Die gewährten Förderungen sind bedingt rückzahlbare Darlehen. Eurimages muss jedoch ein Korridor[73] eingeräumt werden, also im ersten Rang des Recoupmentplans Berücksichtigung finden, im Gegensatz zu den deutschen Förderungen, die mit bedingt rückzahlbaren Darlehen arbeiten, welche erst im zweiten Rang berücksichtigt werden.

MEDIA – Programm
Das Media Programm 2007 stellt 755 Mio. € für den Zeitraum 2007 bis 2013 zur Verfügung. Es ist das Nachfolgerprogramm von MEDIA, MEDIA II und MEDIA Plus. Die Media Programme gibt es seit 1991. Ziele[74] des MEDIA Programms sind:

- Förderung des audiovisuellen Sektors Europas, unter Einbindung der europäischen kulturellen Identität und Herkunft;
- Verbreitung europäischer Werke in und außerhalb Europas;
- Stärkung der Wettbewerbsfähigkeit durch Zugang zu finanziellen Mitteln und Unterstützung durch digitale Technologien;

Dies geschieht mit Hilfe folgender Förderbereiche[75]:

- Aus- und Fortbildung für Filmschaffende (MEDIA Training)
- Projektentwicklung (MEDIA Development)
- Verleih- und Vertriebsförderung (MEDIA Distribution)
- Werbewirtschaft (MEDIA Promotion)

Wie hier ersichtlich, befasst sich das MEDIA Programm nicht mit der Produktionsförderung, sondern setzt an anderen Bereichen an. Am interessantesten für Produzenten ist die Projektentwicklung. Erhaltene Fördergelder müssen nicht zurückgezahlt werden, sind also reine Subventionen.[76]

---

[71] Rules of procedure of the board of management of the support fund for the co-production and distribution of creative cinematographic and audiovisual works "EURIMAGES"
[72] Regulations concerning Co-Production support for full-length feature Films, Animations and Documentaries (2012)
[73] ebenda
[74] Media (2012): Overview
[75] Wendling, Eckhard, S.130f
[76] Wendling, Eckhard S.132

4.2 Öffentlich – rechtliche Fernsehsender als Filmfinanziers

Neben den Filmförderungen spielen die Fernsehsender in der Filmfinanzierung ebenfalls eine wichtige Rolle.[77] Aufgrund des dualen Rundfunksystems in Deutschland unterteilt sich die Fernsehlandschaft in private und öffentlich-rechtliche Sendeanstalten. Diese Unterteilung ist für die Finanzierung nicht unerheblich, da Filme, die im öffentlich-rechtlichen Fernsehen laufen, mehr Einschränkungen bei Werbeabkommen verlangen. Ein Produzent, der seine Finanzierung also zusätzlich noch durch Product Placement oder ähnliches stützen möchte, hat bei privaten Sendern hierfür mehr Freiraum. Zusätzlich haben die öffentlich-rechtlichen Sender einen sogenannten „Auftrag", der ihnen gewisse Regeln auferlegt. Der öffentliche Auftrag[78], der im Rundfunkstaatsvertrag definiert wird, regelt den Inhalt ihres Programms und damit den Inhalt der darin laufenden Filme. Öffentlich-rechtliche Sendeanstalten sollen keine kommerziellen Unternehmen sein. Aus diesem Grund wird hier eine Unterteilung zwischen den öffentlich-rechtlichen und privaten Sendern vorgenommen. Auf Letzere wird im nächsten Abschnitt „privatrechtliche Filmfinanzierung" nochmals kurz eingegangen.

Nichts desto trotz gibt es bei beiden Senderformen hauptsächlich zwei Arten der Filmerstellung, die für senderexterne Produzenten von Bedeutung sind: die Auftragsproduktion und die Koproduktion. Diese beiden Formen der Filmherstellung wurden weiter oben bereits kurz angesprochen. Zusätzlich sind Lizenzverkäufe bei beiden Senderformen eine weitere Finanzierungsquelle.

4.2.1 Sender Auftragsproduktionen

TV Sender stellen nur einen Bruchteil ihres Inhalts selbst her. Der größte Teil wird durch Lizenzkäufe erworben, in Auftrag gegeben, oder als Koproduktionen realisiert. Eine TV Auftragsproduktion ist im Prinzip eine Art Bestellung. Der Sender beauftragt einen Produzenten, einen bestimmten Stoff umzusetzen. Dieser ist nach den Senderrichtlinien gestaltet und passt in das Programmkonzept. Natürlich kann es auch sein, dass ein Produzent eine Idee entwickelt, von der er weiß, dass sie in das Konzept eines bestimmten Senders passt. Dann kann er diesen Vorschlag dem Sender unterbreiten und wird unter Umständen damit beauftragt die Idee umzusetzen.

---

[77] Vgl. Abbildung 2
[78] Vgl. RStV § 11

In den meisten Fällen ist der Produzent bei einer solchen Auftragsproduktion vertraglich dazu gezwungen all seine Rechte an dem erstellten Werk auf den Sender zu übertragen, inklusive der Rechte für weitere Auswertungsstufen, wie z.B. DVD Verkauf, Verleih, oder die Internetauswertung. Mittlerweile gelingt es jedoch immer mehr Produzenten, vertraglich zu regeln, dass ungenutzte Rechte seitens des Senders nach einer bestimmten Frist wieder an sie zurückfallen. Selten werden diese Auftragsproduktionen als Kinofilme produziert, sondern eher direkt für das Fernsehen.

Teilweise gibt es auch Auftragsproduktionen mit Koproduktionsanteil, bei denen dem Produzenten mehr Rechte, aber auch mehr Risiken zufallen, da er Teile des Budgets selber tragen muss.[79]

Für die Umsetzung des Konzepts erhält der Produzent vom Sender ein zuvor ausgehandeltes Budget, plus einen bestimmten Anteil „Gewinn". Schafft er es nicht, den Auftrag mit Hilfe des ihm zur Verfügung gestellten Budgets zu bewältigen, muss er auf den eigentlichen Gewinn zurückgreifen und schmälert damit seinen Ertrag. Im schlimmsten Fall verdient er dabei nichts.

4.2.2 TV – Koproduktionen

TV – Koproduktionen sind Projekte, bei denen der Sender gleichzeitig auch Produzent ist, somit also weitreichende Mitbestimmungsrechte, sowohl auf künstlerischer, als auch finanzieller Ebene hat. Neben dieser Mitbestimmung, sichern sich die Sender die Rechte, den Film in ihrem Kanal auszustrahlen. Wie häufig und für welchen Zeitraum der Film gezeigt werden darf, ist Verhandlungssache. Sofern an den Gesamtfinanzierungskosten auch ein Filmvertrieb beteiligt ist, wird sich dessen finanzielle Einlage[80] verringern, da er die TV-Lizenzen nun nicht mehr bzw. nur eingeschränkt weiterlizensieren kann. Mittlerweile werden fast alle deutschen Kinofilme mit Sendergeldern kofinanziert.

Koproduktionen bergen, neben ihren Vorteilen, wie die finanzielle Risiken auf mehrere Schultern zu verteilen, ein gewisses Konfliktpotenzial. Nicht immer verfolgen alle Produktionspartner das gleiche Ziel, sodass die Filmidee des initialisierenden Produzenten starke Veränderungen erfährt. Gerade die öffentlich-rechtlichen Sender sind

---

[79] Wendling, Eckhard (2012), S.61
[80] Vgl. Kapitel 4.3.2

hier aufgrund ihrer strengen Werbebeschränkungen und ihres öffentlichen Auftrags gebunden.

TV Koproduktionen werden im Gegensatz zu Auftragsproduktionen fast immer im Kino gezeigt. Seit Jahren sinken jedoch die Beteiligungen von Sendern an Kinofilmen, da es den Sendern wirtschaftlich immer schlechter geht.[81]

4.2.3 TV – Lizenzkäufe

Bei TV – Lizenzkäufen unterscheidet man zwischen Lizenzen die vor Fertigstellung des Films gekauft und Lizenzen die nach der Fertigstellung erworben werden.

Für den Sender ist bei der ersten Variante das Risiko größer, die Rechte eines Films zu kaufen, der im Endeffekt nicht den genauen Vorstellungen entspricht, oder sogar nicht fertiggestellt wird. Denn reine Lizenzkäufe von Filmen beinhalten im Gegensatz zu Koproduktionen und Auftragsproduktionen kein Mitspracherecht bezüglich des Inhalts und der Finanzierung. Der Sender sichert sich nur das Recht, den Film auszustrahlen. Genau wie bei den Koproduktionen, sind Ausstrahlungshäufigkeit und der Zeitraum Verhandlungssache. Die Lizenzerlöse aus den Vorverkäufen kann der Produzent für seine Produktionskostenplanung verwenden.

Bei der zweiten Variante, den Lizenzkäufen nach Fertigstellung, ist das Risiko für den Sender sehr gering, da er an den vorangegangenen Auswertungsstufen erkennen kann, wie erfolgreich der Film bereits war. Für den Produzenten stellen diese nachträglichen Lizenzverkäufe Erlöse dar. Diese gehören also nicht in die Produktionskostenplanung, da die Produktion ja schon abgeschlossen ist. Unter Umständen erwirbt der Sender die Rechte den Film auszustrahlen nicht direkt beim Produzenten, sondern bei einem Filmvertrieb, der ein Finanzierungspartner des Produzenten ist und die Lizenz hat, den Film weiter zu vertreiben, zum Beispiel an TV-Sender.

---

[81] Blickpunkt: Film (2009): „TV – Sender und Spielfilmfinanzierung in Krisenzeiten"

4.3 Privatrechtliche Filmfinanzierung

Nachfolgende Filmfinanzierungsmöglichkeiten sind privatrechtlicher Natur. Es werden sowohl mögliche Partner eines Produzenten vorgestellt, als auch Methoden mit denen er zusätzliche Geldmittel akquirieren kann.

4.3.1 Koproduktionspartner

Koproduktionspartner sind alle Finanziers, die nicht nur Rechte erwerben, sondern die auch ein Mitsprache- und Mitgestaltungsrecht bei der Filmherstellung haben. Das können unter anderem andere Produktionsfirmen, TV-Sender, Verleiher oder sonstige Finanzierungsparteien sein, deren Verträge ihnen weitreichende Entscheidungsrechte einräumen. Koproduktionen können auch aus mehr als zwei Partnern bestehen. Jedoch ist zu bedenken, dass mehr mitbestimmende Parteien mehr Konfliktpotenzial und Unstimmigkeiten mit sich bringen. Wie weiter oben schon beschrieben, sind Koproduktionen eine Möglichkeit, mehr Kapital zu generieren und gleichzeitig das Risiko zu verteilen. Die Partner sind gemeinschaftlich an den Verwertungsrechten und Gewinnen, aber natürlich auch an den Verlusten beteiligt.

Für private TV-Sender gelten die gleichen Prinzipien, die weiter oben für öffentlichrechtliche Sender beschrieben sind. Der Vorteil privater, gegenüber öffentlichrechtlicher Sender liegt, wie schon erwähnt darin, dass der Produzent gelockerte Regeln bezüglich Produktplatzierungen beachten muss.

Die gängigste Form der Koproduktion ist die zwischen Produktionsfirmen selbst. Neben den Vorteilen, das Risiko und die Kosten aufzuteilen und somit Projekte stemmen zu können, die allein niemals zu bewältigen wären, gibt es noch weitere: Koproduktionen, die aus verschiedenen Ländern kommen, können gemeinsam europäische Förderungen wie Eurimages beantragen, was alleine nicht zulässig wäre. Kommt ein Partner aus Frankreich, der andere aus Deutschland, könnten auch die jeweiligen Länderförderungen mit in das Projekt einbezogen werden. Eine Ebene tiefer sind diese Kumulationen auch denkbar: zum Beispiel, wenn eine Produktionsfirma aus Bayern kommt, dort Fördergelder der FFF beantragt und ihren Ländereffekt erfüllt und die andere aus Hamburg stammt und dort den Fördertopf des FFHSH in Anspruch nimmt. Ein weiterer Vorteil sind das unterschiedliche, sich ergänzende Knowhow und die Ressourcen der Koproduktionspartner.

4.3.2 Filmverleih und Filmvertrieb als Finanzierungspartner

Das Kapitel 3.2 ist hier unbedingt in Erinnerung zu rufen. Filmverleiher und Filmvertriebe sind sehr wichtige Partner für die Produktionsfirmen. Während der Produktionsphase investieren sie in einen Film mit sogenannten Minimumgarantien (MG), diese sind also ein Bestandteil der Filmfinanzierung. Minimumgarantien sind nicht rückzahlbare Produktionszuschüsse.[82] Ein Verleih oder Vertrieb geht hier also ein entsprechendes Risiko ein, da er keine Sicherheit hat, ob der Film erfolgreich wird. Aus diesem Grund verlangen viele Fördereinrichtungen vom Produzenten als Voraussetzung für eine Förderzusage die Vorlage eines solchen Presale Vertrags mit einem Verleiher oder Vertrieb.[83] Auch mit einem Videovertrieb kann ein solcher Presale Vertrag abgeschlossen werden.

Mit der Minimumgarantie erwerben Verleih-, und Vertrieb das Recht, den Film an nachfolgende Auswertungsstufen oder andere Rechtehändler weiter zu lizensieren oder zu verkaufen. In Erinnerung seien hier die Auswertungsstufen gerufen: Kino, Datenträgerverkauf und –verleih, Internetverkäufe (VoD etc.), Pay TV, Free TV.

Filmverleih
Ein Filmverleih ist die Instanz zwischen Produktionen und inländischen Kinobetreibern. Er ist Lizenzhändler, vermietet somit die Filme an Kinos und kümmert sich um das Filmmarketing. Die Erlöse aus den Mieten werden wie in Kapitel 3.2 beschrieben verteilt, wobei dort das Standardmodell der Erlösverteilung vorgestellt wurde. Bei diesem wird der eigentliche Filmproduzent erst ganz zum Schluss bedacht, nämlich nach Abzug der Verleihvorkosten und Vertriebsprovision.

Neben dem Standardmodell der Erlösvorteilung, wie es weiter oben grafisch dargestellt wurde, gibt es alternative Erlösmodelle[84] bei denen der Produzent früher an der Ausschüttung beteiligt wird. Hier eine knappe Vorstellung:

- Korridormodell – Der Produzent wird direkt an den Erlösen beteiligt, nicht erst nach sämtlichen Abzügen. So ist eine Beteiligung an den Einnahmen garantiert.

---

[82] Lexikon der Filmbegriffe (2011): „Minimumgarantie"
[83] Wendling, Eckhard S.88
[84] Wendling, Eckhard S.98

- "Cost off the Top" Modell – Hier werden keine Verleihspesen einbehalten, sondern nach Begleichung der Verleihvorkosten die restlichen Erlöse zwischen Produzent und Verleiher aufgeteilt.
- "Escalator" Modell[85] – Dieses Modell richtet sich nach Erfolgsbedingungen. In zuvor festgelegten Stufen, die mit diesen Erfolgen (z.B. Zuschauerzahl, Filmpreise) zusammenhängen, wird die Erlösverteilung oder die Höhe der Verleihspesen zu Gunsten des Produzenten angepasst.

Filmvertrieb / Weltvertrieb

Die Rolle eines Filmvertriebs ist es, den Film im Ausland an Kinobetreiber, Sender, Videovertriebe und Internetauswertung (VoD, Pay-per-View Anbieter) zu lizensieren und zu vermarkten. Im Inland ist er nur für Sender, Videovertriebe und Internetanbieter zuständig, sofern der Produzent nicht schon im Vorfeld gesonderte Presale Verträge mit diesen abgeschlossen hat. Wie bereits erklärt sind gerade Sender häufig vor der Fertigstellung bereits aktiv am Film beteiligt.

Vertriebs- und Verleihvorkosten

Diese Kosten sind Aufwendungen der Vertriebe und Verleiher, die durch die Vermarktung und Veröffentlichung des Films entstehen. Der Produzent hat diese zu tragen, indem sie ihm von den Erlösen abgezogen werden. Bei den Vertragsverhandlungen sollte der Produzent genauestens darauf achten, welche Vorkosten ihm in Rechnung gestellt werden dürfen, um nachträgliche Rechtsstreitigkeiten zu vermeiden. Wenn ein Film durch Fördermittel unterstützt wird, gilt das FFG als Grundlage. Hier werden die erlaubten Vertriebsvorkosten genau aufgelistet.[86]

4.3.3 Lizensierung der Nebenrechte

Der Produzent hält neben dem Hauptprodukt Film, dessen Ausstrahlung und Verkauf er lizensieren kann, noch weitere Rechte: die Nebenrechte oder auch *„Ancillary Rights"*[87]. Wie alle anderen kann er auch diese Rechte entweder selbst direkt weiterlizensieren, oder den Vertrieb zwischenschalten. Wenn er den Vertrieb nutzt, sollte er im Vertrag sicherstellen, dass die Rechte nach einer bestimmten Zeit wieder an ihn zurückfallen.

---

[85] FFHSH Handout Film und Recht (2010): „Filmworkshops Film & Recht – Erlösverteilung – Erlösprognose bei der Film- und Fernsehproduktion"
[86] Filmförderungsanstalt Richtlinie zur Projektfilmförderung
[87] Lexikon der Filmbegriffe (2011): „Nebenrechte"

Klassische Nebenrechte sind: Merchandising (u. A. Computerspiel zum Film, Hörspiel zum Film, Brettspiel, Buch zum Film, Spielzeug, Bekleidungsstücke, Accessoires), Druckrechte, Wiederverfilmungsrechte, sowie die Rechte für Pre- und Sequels. Für kleine Filme sind diese Nebenrechte bei weitem nicht so interessant wie für große, publikumswirksame Filme wie *„Star Wars"*, *„Harry Potter"* oder sämtliche Comicverfilmungen. Auch Soundtracks gehören zu den sehr lohnenden Nebenrechten.

4.3.4 Product Placement und Sponsoring

Product Placement / Produktplatzierungen

„Begriff aus der Werbung, der die erlaubte, weil gekennzeichnete Erwähnung oder Darstellung von Waren, Dienstleistungen, Namen, Marken, Tätigkeiten eines Herstellers von Waren oder eines Erbringers von Dienstleistungen in Kino- oder TV-Sendungen gegen Entgelt mit dem Ziel der Absatzförderung bezeichnet."[88]

Mit Produktplatzierung ist es Firmen möglich ihre Produkte in Filmen etc. werbewirksam zu platzieren. Für den Filmproduzenten bietet sich dadurch die Chance eine weitere Finanzierungsquelle aufzutun. Er kann mit den jeweiligen Firmen Verträge abschließen, die einen Leistungsaustausch vereinbaren. Es kann sowohl Geld fließen, als auch zum Beispiel eine Cross Commercial stattfinden, wie es der neuste James Bond Film *„Skyfall"* mit der Biermarke *„Heineken"*, dem Erfrischungsgetränk *„Coke Zero"* und dem Handy *„Sony Xperia T"* macht.

Laut Rundfunkstaatsvertrag §7 Abs. 7 Satz 1 ist es unbedingt notwendig, dass Product Placement bei Ausstrahlung eindeutig gekennzeichnet ist, ansonsten handelt es sich um Schleichwerbung, welche verboten ist. Nicht zulässig sind Produktplatzierungen in Kindersendungen und Sendungen mit hauptsächlich informierendem Charakter. Den öffentlich-rechtlichen Sendern ist es nicht erlaubt, Product Placement in Sendungen zu zeigen, die von ihnen selbst hergestellt sind.[89]

Sponsoring

Beim Sponsoring erhält der Produzent von einem Unternehmen oder einer Organisation monetäre, sachgebundene oder dienstleistende Unterstützung, die er nicht zurückzahlen muss.

---

[88] Vgl. Gabler Wirtschaftslexikon (2011)
[89] RStV Staatsvertrag für Rundfunk und Telemedien (Rundfunkstaatsvertrag): §7 (7) 1.; §15 (1); §44

Hier ein Beispiel: Ein Autohersteller überlässt einem Produzenten kostenfrei für die Zeit des Filmdrehs und der anschließenden Marketingkampagne einige seiner Autos. Der Star des Films wird dann z.B. zur Premiere vorgefahren und alle Welt sieht den Wagen, der dann auch anschließend in sämtlichen Medien zu sehen ist, die von dieser Premiere berichten. Auch hierfür regelt der Rundfunkstaatsvertrag wie und wo Sponsoring eingesetzt werden darf.[90]

4.3.5 Der Eigenanteil des Produzenten

Der Produzent selber trägt ebenfalls einen Teil des Budgets bei. Alle Förderregularien verlangen solch eine Eigenleistung des Produzenten, um sicherzustellen, dass er ein gewisses Risiko an seinem Filmprojekt trägt. Damit wird ausgeschlossen, dass Projekte verwirklicht werden, die eine zu geringe Chance haben, wirtschaftlich zu bestehen. Die FFA verlangt beispielsweise einen Produzenteneigenanteil von mindestens 5% der deutschen Herstellungskosten.[91] Je größer der vom Produzenten geleistete Beitrag am Budget ist, desto mehr ist er am Gewinn beteiligt und desto größer ist sein Einfluss auf die Machart des Films. Doch nicht jeder Produzent ist in der Lage diesen Eigenanteil komplett aus Eigenmitteln zu bestreiten. Die FFA akzeptiert deshalb einen Eigenanteil, der finanziert werden darf aus: Eigenmitteln, Fremdmitteln und Eigenleistung.[92]

Eigenmittel sind geldwerte Vermögenswerte des Produzenten. Fremdmittel sind zum Beispiel Bankkredite oder Gelder anderer Investoren, die in jedem Fall zurückgezahlt werden müssen. Zur Eigenleistung des Produzenten zählen laut FFA:

> *„Verwertungsrechte des Herstellers an eigenen Werken, wie z.B. Roman, Drehbuch oder Filmmusik, sowie eigene Leistungen des Herstellers (als kreativer Produzent, Regisseur, Herstellungsleiter, Hauptdarsteller, Kameramann).“*[93]

Eigenleistungen sind also Garantien wie Rechte oder der eigene Verdienst. Der Begriff Eigenanteil ist hier also eine sehr schwammige und betriebswirtschaftlich gesehen unkorrekte Bezeichnung, da sie nicht äquivalent zu Eigenkapital zu verwenden ist. Das tatsächliche Eigenkapital, welches ein Produzent in ein Filmprojekt investiert ist mit dem Begriff Eigenmittel gleichzusetzten. Diese Eigenmittel befinden sich bei deutschen

---

[90] Ebenda § 8 Sponsoring
[91] FFA (2012): „Fragen und Antworten zur Förderung von Filmproduktionen" S.3
[92] ebenda
[93] ebenda

Produktionen laut Castendyk[94] prozentual an den Gesamtkosten gesehen im *„unteren einstelligen Bereich"*.

4.3.6 Banken, Versicherungen und Medienfonds

Banken

Für Banken ist das Filmgeschäft in Deutschland eher uninteressant, da es sich um eine Hochrisikobranche handelt, in der kaum Gewinne generiert werden. Trotzdem gibt es einige wenige Banken, die im Filmgeschäft tätig sind und sogenannte Zwischen- und GAP Finanzierungen anbieten. Alle Arten von Bankkrediten und Darlehen sind an erster Stelle, also im ersten Rang des Recoupment, zurückzuführen. Unter Anderem bieten folgende deutsche Banken solche Kredite an: die *Investitionsbank Berlin* (IBB), die *Investitionsbank des Landes Brandenburg* (ILB), die *Commerzbank*, die *NRW Bank* sowie die *KfW Bankengruppe* (Kreditanstalt für Wiederaufbau).

Zwischenfinanzierung

Sobald die Finanzierung eines Projekts gesichert ist, wir es umgesetzt. Das Problem hierbei ist, dass der Cashflow nicht immer so geplant werden kann, wie es das Projekt verlangt. Denn der Produzent erhält nicht alle ihm durch Finanziers zugesicherten Beträge vor Projektbeginn, sondern in Raten. Dadurch können Zahlungsengpässe entstehen. Hier kommen die Banken ins Spiel. Sie gewähren dem Produzenten kurzfristige Kredite, um diese Finanzierungsengpässe zu überbrücken. Als Sicherheit müssen die Verträge mit den Finanziers vorgelegt werden.

GAP Finanzierung

Im Unterschied zur Zwischenfinanzierung, birgt eine GAP Finanzierung für die Bank ein höheres Risiko. Eine GAP Finanzierung ist eine Lückenfinanzierung. Sie wird dann eingesetzt, wenn das Projekt schon fast vollständig finanziert wurde und abzusehen ist, dass die restliche Finanzierung noch zustande kommt. Um das Projekt dennoch schon beginnen oder vollenden zu können, stellt die Bank Kredite zur Verfügung, ohne jedoch eine 100% Garantie zu haben, dass die fehlende Investitionssumme noch eingebracht wird.

---

[94] Castendyk, Oliver (2008), S.58

Filmversicherungen

Es gibt eine Vielzahl an Versicherungen für Filmproduktionen. Neben den regulären und speziellen Versicherungen für Personen, Sachgegenstände und Filmmaterial, gibt es insbesondere zwei Absicherungen, die hier erwähnt werden sollten. Sie dienen nicht der Finanzierung, sind aber ein nicht unerheblicher Kostenpunkt, der mit einkalkuliert werden muss. Gerade der *„Completion Bond"* ist teilweise Voraussetzung um eine Förderung zu erhalten, oder auch andere Investoren für das Projekt zu interessieren.

Completion Bond

Der Completion Bond ist sowohl eine Fertigstellungsgarantie, als auch eine Absicherung der beteiligten Investoren. Diese Versicherung greift, wenn erhebliche nicht geplante Mehrkosten entstehen, oder das Projekt Gefahr läuft nicht fertiggestellt zu werden. Die Budgetüberschreitungen werden vom Bond getragen. Auch ist der Bond dazu berechtigt, sämtliche Rechte des Films zu übernehmen, den Produzenten sozusagen zu entlassen und dann auf eigenes Risiko fertigzustellen und zu vermarkten. Somit wird garantiert, dass der Film zu einem Abschluss kommt und damit kein „Totalausfall" entsteht. Im schlimmsten Fall kann der Bond die Fertigstellung abbrechen und allen Investoren ihre bis zu diesem Zeitpunkt geleisteten Aufwendungen zurückerstatten.

Errors & Omissions (E&O)

Eine E&O Versicherung sichert alle am Film und an dessen Auswertung Beteiligten vor Haftungsansprüchen Dritter ab. Sie trägt sowohl sämtliche Verfahrenskosten, als auch alle eventuell anfallenden Strafkosten. Gerade in der Filmindustrie drohen häufig Klagen Dritter wegen angeblicher Verletzungen der Privatsphäre, Urheberrechtsverletzungen oder Markenrechten.

Medienfonds

Medienfonds sind geschlossene Fonds. Sie werden gegründet, um ein oder mehrere Filmprojekte zu finanzieren. In Medienfonds können Personen einzahlen, die mit dem Filmgeschäft an sich nichts zu tun haben. Mit ihren Einlagen beteiligen sie sich am Gewinn und Verlust, haben jedoch kein inhaltliches Mitbestimmungsrecht wie zum Beispiel ein Koproduzent.

Vor 2005 waren solche Medien- bzw. Filmfonds bei Anlegern sehr beliebt, da die Investitionen mit Gewinnen verrechnet werden konnten und dadurch eine Steuerersparnis zustande kam. Seit der Änderung des Steuergesetztes[95] in 2005, mit dem Verbot dieser Praxis, haben die Medienfonds erheblich an Attraktivität verloren. Denn viele Anleger nutzten die Fonds ausschließlich als Steuersparmodell.

In Zusammenhang mit den Medienfonds steht auch der in Hollywood geprägte Begriff „Stupid German Money". Viele Gelder dieser deutschen Fonds flossen in schlechte Hollywoodfilme mit kaum Gewinnaussichten.

---

[95] EStG §15b

5 Die Crowdbewegung

In den Kapiteln zwei bis vier wurde ein Eindruck der deutschen Filmbranche vermittelt, wie sie funktioniert und mit welchen Schwierigkeiten sie zu kämpfen hat. In den folgenden Kapiteln werden die Möglichkeiten der Crowdbewegung beleuchtet, an der Filmindustrie teilzuhaben und sie neu zu gestalten.

Dieses Kapitel dient als Einstieg um einen Einblick in diese „Revolution" zu geben, ohne dabei speziell auf die Filmbranche einzugehen.

5.1 Crowdsourcing

Crowdsourcing setzt sich aus den englischen Wörtern *crowd* (Menschenmenge, -masse, große Gruppe) und *sourcing* (Beschaffung, Finanzierung) zusammen. Es kann als Ursprungsbegriff für alle anderen mit der Crowdbewegung zusammenhängenden Möglichkeiten gesehen werden.

Der Begriff „Crowdsourcing" tauchte zum ersten Mal im Jahr 2006 auf. Jeff Howe, ein Redakteur des *Wired Magazine*, nutzt ihn in seinem Artikel *"The Rise of Crowdsourcing"*[96], um eine Entwicklung zu beschreiben, bei der Menschengruppen gemeinsam Problemlösungen, Projekte und Ideen verwirklichen. Crowdsourcing kann aber auch außerhalb des Internets stattfinden.

Angelehnt ist der Begriff an die in der Wirtschaft gängige Methode des „Outsourcing". Firmen nutzen Outsourcing bzw. Auslagerung um bestimmte Arbeitsschritte oder ganze Teilstrukturen ihres Fertigungsprozesses an andere Firmen abzugeben, damit sie sich besser auf ihre eigentlichen Kompetenzen konzentrieren können.

Es gibt verschiedene Ansätze Crowdsourcing zu definieren, die Schwierigkeit liegt in der Abgrenzung zu Bereichen wie *„Open Innovation"* oder *„interaktiver Wertschöpfung"*. Besteht hier ein Unterschied, oder handelt es sich um das gleiche Prinzip mit leicht anderen Schwerpunkten und Erweiterungen der Begriffe?

Christian Papsdorf[97] definiert Crowdsourcing in seinem Buch *"Wie surfen zu Arbeit wird – Crowdsourcing im Web 2.0"* wie folgt:

---

[96] Howe, Jeff
[97] Vgl. Papsdorf, Christian (2009), S.69

"Crowdsourcing ist die Strategie des Auslagerns einer üblicherweise von Erwerbstätigen entgeltlich erbrachten Leistung durch eine Organisation oder Privatperson mittels eines offenen Aufrufes an eine Masse von unbekannten Akteuren, bei dem der Crowdsourcer und/oder die Crowdsourcees frei verwertbare und direkte wirtschaftliche Vorteile erlangen."

Open Innovation ist eine Spielart des Crowdsourcing, bei der es nur um organisationsgebundene Innovationsprozesse geht. Hier nutzen Firmen und Institutionen Außenstehende dazu, um ihre Entwicklungen voranzutreiben. Gleichzeitig profitieren diese Externen von den veröffentlichen Ausgangsinformationen. Eine interaktive Wertschöpfung entsteht.

Crowdsourcing beschränkt sich nicht nur auf diese von Organisationen gesteuerten Innovationsprozesse. Es geht einen Schritt weiter und löst sich von Firmen und Unternehmen. Innovationsprozesse müssen nicht immer zwangsläufig von Konzernen angestoßen werden, sondern können auch aus der Masse selbst heraus entstehen, so zum Beispiel Open Source oder Open Content Projekte. Open Source Software ist für jedermann frei zugänglich und darf von jedem weiterentwickelt werden. Das bekannteste Beispiel einer Open Source Software ist mit Sicherheit das Betriebssystem Linux. Open Content Projekte befassen sich mit der freien Zugänglichkeit von Informationen. Wikipedia ist zum Beispiel der Inbegriff eines Open Content Projekts. Jeder der möchte, kann hier einen Artikel verfassen, welcher wiederum von allen Anderen bearbeitet werden darf.

Zwei weitere nennenswerte Crowdsourcing Projekte sind *"Amazon Mechanical Turk"* und *"InnoCentive"*.

"Mechanical Turk" ist eine Webseite, auf der sogenannte *"HITs"* (Human Intelligence Tasks) vermittelt werden. Diese Aufgaben sind keine komplexen Denkaufgaben, sondern sehr einfache Aufträge, die jedoch noch nicht von Computern übernommen werden können. Jede Firma, die eine solche Aufgabe hat, muss nun nicht mehr ihr eigenes Personal mit dessen Lösung beauftragen, das in der Zeit auch schwierigere Aufträge erledigen kann. Sie veröffentlicht das Problem einfach auf *"Mechanical Turk"*, definiert einen Zeitrahmen, in dem die Aufgabe erledigt sein soll und legt eine Bezahlung fest, die pro ausgeführter Aufgabe an den *"Mechanical Turk Worker"* ausgezahlt wird. Jeder kann sich einen Account auf der Webseite einrichten und einer dieser *"Worker"* werden.

"InnoCentive" funktioniert vom Prinzip her genauso wie *"Mechanical Turk"*. Der große Unterschied ist der, dass die hier gestellten Aufgaben sehr viel komplexer und wissenschaftlicher sind. Firmen, die eine innovative Lösung für ihr Problem suchen, können sich an *"InnoCentive"* wenden. Die Preisgelder für eine gelöste Problemstellung betragen auch nicht nur wenige Cent wie bei den *"HITs"*, sondern können bis zu 100.000

Dollar betragen. Für Firmen ist eine solche Lösung immer noch billiger, als wenn sie ein gesamtes Department über Monate hinweg mit der Aufgabe betrauen würden. Die Menschen, die solche Aufgaben lösen, werden dementsprechend auch nicht „Worker" sondern „Solver" genannt.

5.2 Crowdfunding

Viele Artikel und Texte über Crowdfunding benennen den Bau des Sockels der New Yorker Statue of Liberty als erstes Crowdfunding Projekt. In 1885 wurde das Geld für den Sockelbau knapp. Joseph Pulitzer, der Herausgeber der renommierten Zeitung „New York World", verkündete, jeden Geldgeber, der bereit sei einen Teil zur Finanzierung des Sockels beizutragen, namentlich abzudrucken. Die Finanzierung gelang.

Der Begriff „Crowdfunding" wurde zum ersten Mal von Michael Sullivan in 2006 für sein Projekt „fundavlog" benutzt.[98] Zuvor gab es bereits einige Projekte, die nach dem Crowdfunding Prinzip funktionierten, jedoch noch nicht so genannt wurden. Die US – Tour der Band „Marillion" wurde in 1997 von ihren Fans finanziert.[99] Als erste Crowdfundinginitiative gilt die von Brian Camelio gegründete Webseite „artistshare.com", auf der das erste Projekt in 2003 gestartet wurde. Hier wird die Bezeichnung „Fan Funding" verwendet.[100] Seit 2010 gibt es Crowdfunding auch in Deutschland. Die erste deutsche CF-Plattform ist „Startnext", gegründet von Denis Bartelt und Tino Kreßner, einem Absolventen der Hochschule Mittweida.[101]

5.2.1 Definition

Crowdfunding setzt sich aus den englischen Wörtern *crowd* (Menschenmenge, -masse, große Gruppe) und *funding* (Finanzierung, Förderung) zusammen. Häufig wird es mit „Schwarmfinanzierung" übersetzt. Diese Übersetzung birgt eine gewisse Problematik, da man mit dem Wort „Schwarm" ein nicht bewusst gesteuertes Verhalten impliziert. Crowdfunding lebt jedoch vom Mitdenken der Gruppe, vom aktiven Partizipieren.

---

[98] Kickstarter: „The Science of Crowdfunding"
[99] ebenda
[100] ArtistShare: „About us"
[101] Startnext: "Über Startnext"

Das Institut für Kommunikation in sozialen Medien (ikosom) hat einen Blog ins Leben gerufen, in dem verschiedene Definitionen[102] unterschiedlicher Autoren für Crowdfunding gesammelt und diskutiert werden. Die hier vorliegende Definition nimmt diese Ansätze als Grundlage.

Crowdfunding wird als Unterform des Crowdsourcing gesehen, bei der die Akquirierung von finanziellen Mitteln zur Realisierung und Umsetzung von Projekten, Produkten, Firmenideen oder Dienstleistungen im Vordergrund steht. Diese Finanzierung wird mit Hilfe vieler sogenannter „Unterstützer" umgesetzt. Als Gegenleistung erhalten die Unterstützer zuvor benannte Prämien, oder „Dankeschöns", die je nach gefundeter Summe unterschiedlich wertvoll ausfallen.

Die Finanzierungsphase eines jeden Crowdfunding Projekts hat eine bestimmte Laufzeit, die von den Initiatoren festgesetzt wird. Ebenso wird die Höhe des benötigten Budgets zuvor benannt. In diesem begrenzten Zeitraum können Unterstützer mit kleinen Geldbeträgen (*„Micropayments"*), das Projekt finanzieren.

Sehr wichtig beim Crowdfunding ist das *„Transparenzprinzip"*. Die Unterstützer sind genau über die Inhalte des Projekts informiert, werden auf dem Laufenden gehalten und wissen, was mit ihrem Geld passieren soll. Auch ist ständig sichtbar, wie hoch die Summe ist, die ein Projekt benötigt, wie viel Geld bis zum Erreichen dieser Summe noch fehlt und wie lange die Finanzierungsphase noch läuft.

Wichtiges Merkmal und Teil der Transparenz des Crowdfunding ist die intensive Kommunikation zwischen den „Initiatoren" der Projekte und den Unterstützern. Genau hierin liegt der besondere Reiz des Crowdfunding. In unserem digitalen Zeitalter, in dem wir alle ständig erreichbar sind und sich ein Großteil unseres Lebens um soziale Netzwerke dreht, ist mit Crowdfunding eine Möglichkeit entstanden, mit der wir uns aktiv an der Gestaltung von Inhalten beteiligen können. Diese Inhalte entspringen unserer Fantasie, werden aber auch außerhalb des digitalen Raums real. Sie sind nicht nur einfach noch eine weitere digitale Identität. Es ist eine Erweiterung unseres echten Lebens, in der wir zusätzlich zu unserem alltäglichen Leben etwas erschaffen und mitgestalten können, jedoch ohne uns selbst ganz in diese Sache investieren zu müssen.

---

[102] Ikosom (11.06.2012): „Definition von Crowdfunding (beta)"

5.2.2 Die Plattformen und der Projektablauf

Als Vermittler zwischen Initiatoren und Unterstützern dienen internetbasierte Crowdfunding Plattformen. Da es auch ohne diese Vermittler möglich ist, Crowdfunding Projekte umzusetzen, unterscheidet man zwischen plattformbasiertem und nicht plattformbasiertem Crowdfunding.

Beziehungsstruktur Plattformen, Initiatoren, Unterstützer:[103]

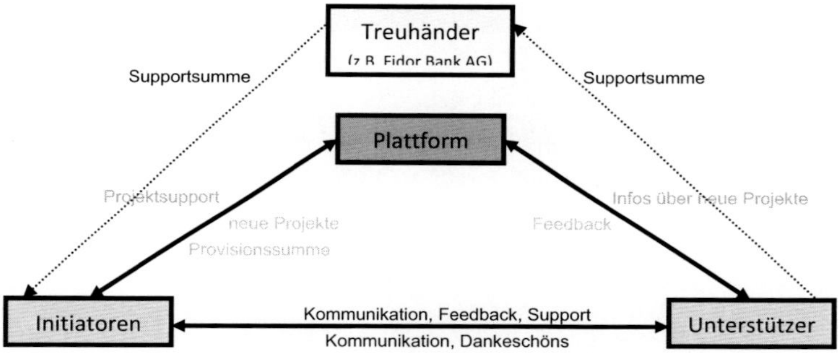

Abbildung 6: Beziehungsstruktur Plattformen, Initiatoren, Unterstützer

Beim plattformbasierten Crowdfunding gibt es, wie in der Darstellung zu erkennen ist, drei Hauptakteure und einen „Verwalter": Die Plattformen, die Projektinitiatoren, die Crowd bzw. Unterstützer sowie einen Treuhänder, der das Geld verwaltet und bei Erfolg an den Initiator ausschüttet oder bei Misserfolg an die Unterstützer zurückzahlt.

Die Plattformen
Plattformbasiertes Crowdfunding bietet verschiedene Vorteile: Zunächst einmal ist hier die Webseitenstruktur an sich zu nennen. Ein Initiator muss sich nicht erst für teures Geld eine Seite bauen lassen, sondern kann sich mit Hilfe der Crowdfunding Plattform ein ganz individuelles Erscheinungsbild geben, welches in die Plattformseite eingebunden wird. Zusätzlich bieten die Plattformen eine Community, die dort regelmäßig nach neuen Projekten sucht. So ist die Wahrscheinlichkeit größer, dass Menschen auf ein Projekt stoßen, auf das sie gar nicht aufmerksam geworden wären, wenn es nicht im Projektangebot der CF – Plattform zu finden gewesen wäre. Auch die Regelung der Bezahlung ist auf den Plattformen sowohl für die Initiatoren als auch für die Unterstüt-

---

[103] Eigene Darstellung

zer einfacher und bequemer. Die Unterstützer haben eine Bandbreite an Bezahlmethoden und können sich sicher sein, dass ihr Geld treuhänderisch verwaltet wird. Auf der anderen Seite müssen die Initiatoren sich nicht um die Einrichtung von Bezahlmöglichkeiten kümmern. Ein weiterer nicht zu unterschätzender Vorteil ist die Erfahrung und Beratungsqualität der Plattformbetreiber. Die Initiatoren werden hier tatkräftig unterstützt. Die Plattformen selbst erheben für ihre Dienste größtenteils einen bestimmten Prozentsatz der gefundeten Summe pro Projekt. Einige verzichten auf diese Provision und haben stattdessen eine Art Fördersystem eingerichtet. So zum Beispiel die Plattform *Startnext*: hier wird der Unterstützer gefragt, welche Summe er dem Projekt zukommen lassen möchte und welche freiwillige Summe er an Startnext abführen will.

Im Folgenden ist eine Übersicht einiger deutschsprachiger Crowdfunding Plattformen zu sehen. Die Darstellung stammt aus einem Beitrag von Tino Kreßner, den er Anfang 2012 für die *co:funding*, eine Subkonferenz der *re:publica* veröffentlicht hat.

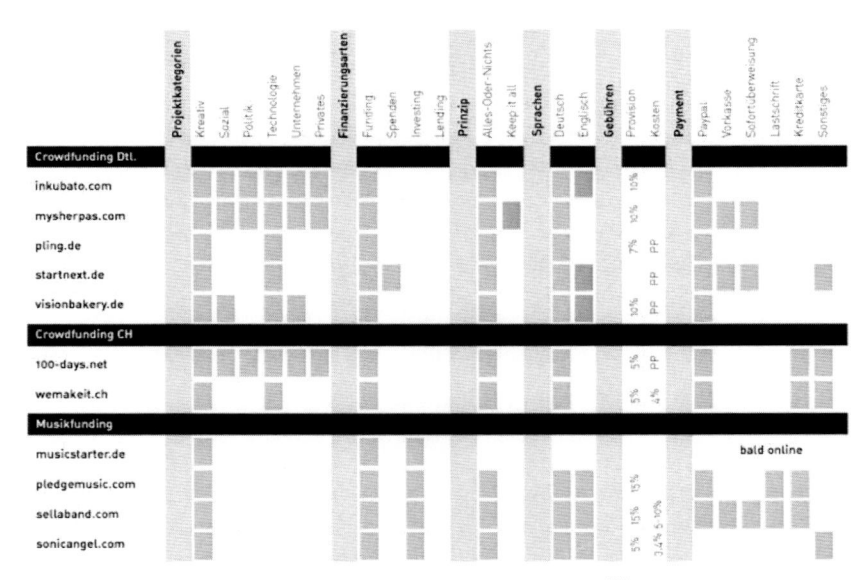

Abbildung 7: Crowdfunding Verzeichnis[104]

---

[104] Vgl. Cofunding (2012): „Crowdfunding Verzeichnis"

Startnext ist die in Deutschland aktivste und größte Seite. Sie wird als gemeinnützig[105] geführt und ist die einzige deutsche Plattform, die keine Provision verlangt. Einige kleinere Plattformen wie *Dresden Durchstarter* oder *Nordstarter Hamburg*, die sich auf regionale Projekte spezialisiert haben, sind Kooperationspartner von *Startnext*.

Den anderen Plattformen geht es, laut einem Bericht der Zeit Online, wirtschaftlich nicht so gut.[106] *Mysherpas* ist seit einigen Monaten sogar nicht mehr aktiv, hat jedoch noch immer eine Onlinepräsenz.

Der Projektablauf

Die Funktionsweise der Plattformen ist sehr simpel. Initiatoren haben die Möglichkeit, ihre Projekte zu präsentieren und bekommen hierfür Tipps von den Betreibern. Die Unterstützer haben eine große Auswahl an Projekten die sie nach Belieben supporten können. In der folgenden Grafik, herausgegeben von *tyclipso.me*, ist ein Projektablauf abgebildet, wie er idealerweise verlaufen sollte.

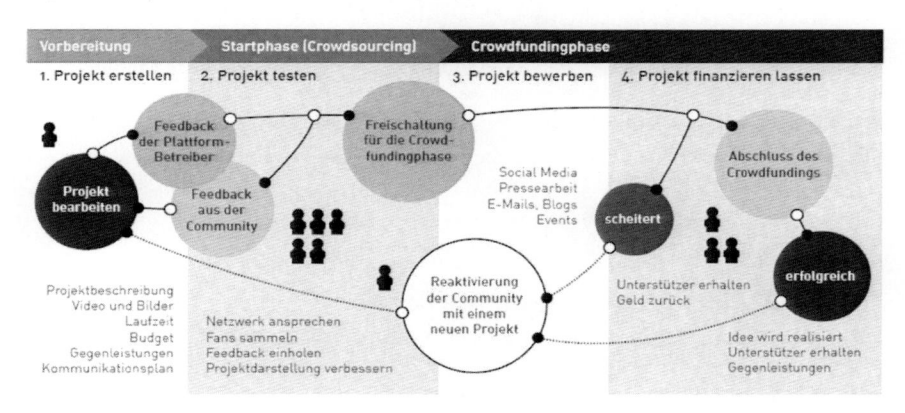

Abbildung 8: Schritte im Crowdfunding-Prozess[107]

Ein Initiator kann, wie in der Darstellung ersichtlich wird, nicht einfach „mal schnell" ein Projekt online stellen und dann direkt in die Crowdfundingphase übergehen. Diese Vorgehensweise wäre sicherlich nicht erfolgreich. Bevor die tatsächliche Finanzierungsphase startet, ist es ungemein wichtig, dass der Initiator eine ausreichend große Menge an Supportern anspricht, die ihm ein Feedback geben, nicht nur zu seiner Projektdarstellung, sondern auch zum Projekt selbst. Hier ist die Möglichkeit gegeben,

---

[105] Startnext: Gemeinnützigkeit
[106] Herbold, Astrid (29.08.2012)
[107] Vgl. tyclipso.me (2012)

vor der Umsetzung notwendige Veränderungen im Konzept vorzunehmen. Crowdfunding dient als Marktanalyse und Kommunikationsinstrument. Hat der Initiator seine Crowd beisammen, kann er in die Finanzierung übergehen. Auch in dieser Phase sind eine ständige Kommunikation mit den Unterstützern und die Suche nach weiteren Interessierten unerlässlich. Finanzierung und Marketing laufen synchron.

Die Projekte haben einen genau definierten Zeitrahmen und eine von den Initiatoren zuvor definierte Projektsumme, die erreicht werden muss, um das Vorhaben umzusetzen. Die Finanzierungszeiträume sollten nicht zu lange gewählt sein. Die meisten Projekte haben Laufzeiten von ein paar Wochen bis wenigen Monaten.

Wird die benötigte Summe erreicht, oder sogar darüber hinaus finanziert, wird sie dem Initiator nach Ablauf des Zeitraums überwiesen. Die meisten Plattformen funktionieren nach dem *„Alles oder Nichts Prinzip"*, welches besagt, dass der Initiator nur dann Geld erhält, wenn sein benötigtes Budget erreicht wurde. Kommt es jedoch nicht im genannten Zeitraum zusammen, erhalten die Unterstützer, die bereits investiert haben, ihre Investition zurück. Das Geld ist also in keinem Fall verloren: entweder wird das Projekt realisiert, oder die Unterstützersumme wird zurückbezahlt. Im Gegensatz dazu erlaubt das *„Keep It All Prinzip"* den Initiatoren die eingesammelten Summen zu behalten, auch wenn die Zielsumme nicht erreicht wurde. Diese Variante wird nur von wenigen CF-Seiten angeboten, so unter anderem von *Mysherpas*.

5.2.3 Die Initiatoren und Unterstützer

Wer sind eigentlich die Initiatoren und wer die Unterstützer? Welche Beweggründe haben sie, ein Crowdfunding Projekt zu starten und zu supporten?

Die Initiatoren
Schaut man sich die Projekte auf den verschiedenen CF Plattformen an, stellt man fest, dass hier hauptsächlich kreative, außergewöhnliche Ideen angepriesen werden. Betrachtet man die fünf wichtigsten deutschen Plattformen und die dort zur Verfügung stehenden Kategorien, kann man beobachten, dass ein Großteil der Projekte in der Sparte „Film/Video" und „Musik" starten.

Auch die anderen Kategorien, wie „Games", „Fotografie", „Theater" oder „Literatur" sind überwiegend Bereiche, in denen es allgemein als sehr schwierig gilt, Fuß zu fassen. Einen Plattenvertrag zu bekommen, Produzenten von der eigenen Filmidee zu überzeugen oder einem Verlag sein Buch zu verkaufen, hierzu gehört neben Talent nicht selten auch eine ordentliche Portion Glück, um im richtigen Moment die richtigen Leute zu treffen.

Crowdfunding bietet die Möglichkeit, sein Schicksal ein stückweit mehr selbst in die Hand zu nehmen. Es erlaubt, Instanzen zu umgehen, die zuvor unumgänglich waren. Crowdfunding ist eine unbürokratische, schnelle, relativ sichere Alternative. Wenn ein Initiator es schafft, eine gewisse Fanbase aufzubauen, gelingt es ihm, Aufmerksamkeit zu erzeugen. Neben der Finanzierung des Projekts, die durch CF teilweise oder sogar vollständig übernommen wird, besteht die Möglichkeit, dass Verlage, Produzenten oder Publisher an zukünftigen Projekten des Initiators interessiert sind.

Crowdfunding dient dem Initiator also primär der Beschaffung von Geld, das er sonst nirgendwo bekommen hätte. Sekundär ist es für das Testen, Ausloten und Verbessern der eigenen Idee von Nutzen. Ein dritter Vorteil und Grund sich näher mit Crowdfunding auseinanderzusetzen und es einzusetzen, ist der positive Werbeeffekt und die Gewinnung einer konstruktiven Fanbase.

Die Unterstützer
Die Motivation der Initiatoren, ein CF Projekt zu starten, liegt eher auf der Hand als die der Unterstützer. Wieso sollte jemand einfach Geld in eine Sache investieren, von der er scheinbar nicht viel hat?

Uns Menschen treiben die verschiedensten Motive an etwas zu tun oder zu lassen. Es gibt in der Wissenschaft viele unterschiedliche Modelle und Erklärungen, um unserem Handeln auf den Grund zu gehen. Als wichtige Quellen der Motivation hat man intrinsische und extrinsische Beweggründe ausgemacht.

Extrinsische Motivation wird von außen hervorgerufen. Faktoren, die uns hier beeinflussen, sind zum Beispiel materielle Ansprüche oder unser Status in der Gesellschaft. Intrinsische Motivation wird von inneren Faktoren hervorgerufen.

Beim Crowdfunding wird durch das Belohnungssystem die extrinsische Motivation angesprochen. Als Anreiz, in ein Projekt zu investieren, werden dem Unterstützer „Dankeschöns" als Gegenleistung angeboten. Je höher die investierte Summe, desto ausgefallener das Dankeschön. Viele Plattformen empfehlen den Initiatoren die Bandbreite der Belohnungen nicht zu vielfältig zu gestalten, sondern einige wenige klar unterscheidbare Anerkennungen anzubieten. Eine Band, die zum Beispiel die Aufnahmen für ihr neues Album über Crowdfunding finanzieren möchte, könnte elf verschiedene Gegenleistungen anbieten:

Investitionssumme	Dankeschön
8 €	Album als Download
12 €	Album als CD
18 €	Album als CD mit Signatur
25 €	Album als CD mit Poster, beides signiert
35 €	Album als CD mit Signatur und handgeschriebenem Songtext
50 €	Album als CD mit Namen des Unterstützers im Booklet
60 €	Album als CD + freier Eintritt zum Konzert
100 €	Album als CD + exklusive Ausschnitte der Aufnahmen vor Veröffentlichung
200 €	Album als CD + offizielle Nennung als Sponsor
300 €	Album als CD + Unplugged Privatkonzert
1000 €	Album als CD + Privatkonzert und anschließendes Meet & Greet

Tabelle 4: CF Belohnungsstaffelung[108]

Neben diesen extrinsischen Anreizen, kommen auch intrinsische Beweggründe hinzu, als Unterstützer eines Crowdfunding Projekts zu agieren.

In seiner Rede „*Drive: The surprising truth about what motivates us*"[109] stellt Dan Pink die Untersuchungsergebnisse einer Gruppe von Wissenschaftlern des *Massachusetts Institute of Technology* (MIT) vor. Diese kommen zu dem Schluss, dass Menschen aus intrinsischen Antrieben heraus Dinge gerne erschaffen oder ausüben. Hierfür sind sie bereit, viel Zeit aufzuwenden und keine Bezahlung zu erhalten. Im Gegenteil, sie sind sogar bereit, diese Leistungen öffentlich zugänglich zu machen (z.B.: Linux, Wikipedia). Dies tun wir, laut MIT Studie, hauptsächlich aus folgenden Gründen:

- Verlangen nach Autonomie
- Verlangen danach seine Fähigkeiten zu verbessern
- Suche nach einer Bestimmung, nach einem Lebensziel

Diese Gründe sind auf die Unterstützer von CF Projekten übertragbar. Sie investieren in Projekte, die sie für sinnvoll erachten, die ihnen Spaß machen und die sie als eine Bereicherung empfinden. Für ihr finanzielles Engagement bekommen sie, neben einem „Dankeschön", im Gegenzug auch noch die Chance das Projekt aktiv zu beeinflussen. Dadurch entsteht eine persönlichere Bindung an ein Projekt als das der Fall wäre,

---

[108] Eigene Darstellung
[109] Pink , Dan (2010)

wenn es dem Konsumenten fertig vorgesetzt werden würde. Durch dieses persönliche Interesse entwickelt sich ein zweiter, für den Initiator sehr positiver Effekt. Der Supporter fungiert als Sprachrohr, denn er wird anderen von einem Projekt, welches er unterstützt, erzählen, da er sich selbst dazugehörig fühlt.

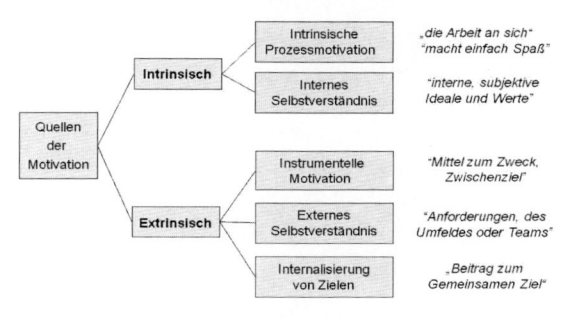

Die Fünf Quellen der Motivation nach Barbuto
(Prinzip des Motivation Sources Inventory)

Quellen der Motivation			
Intrinsisch	Intrinsische Prozessmotivation	"die Arbeit an sich" "macht einfach Spaß"
	Internes Selbstverständnis	"interne, subjektive Ideale und Werte"
Extrinsisch	Instrumentelle Motivation	"Mittel zum Zweck, Zwischenziel"
	Externes Selbstverständnis	"Anforderungen, des Umfeldes oder Teams"
	Internalisierung von Zielen	"Beitrag zum Gemeinsamen Ziel"

Quelle: Institut für Management-Innovation, Prof. Dr. Waldemar Pelz

Abbildung 9: Quellen der Motivation[110]

5.2.4 Crowdfunding außerhalb der Plattformen

Alle Vorteile, welche die Plattformen bieten, fehlen den nicht plattformbasierten Crowdfunding Projekten. Ein Initiator ist ganz auf sich selbst gestellt und kann nicht von der Erfahrung der Plattformbetreiber profitieren. Er muss eine eigene Webseite erstellen und sich um die Payment Methoden kümmern, was einen erheblichen Mehraufwand bedeutet. Es ist viel schwieriger die Menschen auf die eigene Seite aufmerksam zu machen, als einfach die Kundschaft der Plattform abzugreifen. Nichts desto trotz gibt es immer wieder Projekte, die mit eigenen Webseiten starten und Initiatoren, die den Aufwand nicht scheuen.

Diese Projekte haben häufig eine sehr viel höhere Zielsumme als das durchschnittliche Plattformprojekt. Es handelt sich also um größere Projekte, die sich durch ihre eigene Crowdfundingseite die Möglichkeit verschaffen, diese ohne Auflagen und Einschränkungen zu gestalten und beliebig auszubauen. Wie jede Band und jeder große Film eine eigene Website hat, so kann eine solche CF Seite zu eben dieser repräsentativen Seite werden, ohne dass hier vom eigenen Projekt abgelenkt wird. Eine richtige Fanbase kann aufgebaut werden, die diese Seite als Treffpunkt und Forum nutzt. Auch

---

[110] Vgl. Wikipedia: „Motivation"

müssen die Initiatoren keine Provision an die Plattform zahlen und können die Payment Angelegenheiten völlig individuell gestalten.

5.2.5 Erfolgreiche Crowdfunding Beispiele

In diesem Abschnitt werden einige realisierte Crowdfunding Projekte aus den verschiedensten Kategorien, mit Ausnahme der Filmbeispiele, vorgestellt. Ausgewählte Filmprojekte werden weiter unten behandelt.

Die US-Musikerin Amanda Palmer startet auf der amerikanischen Crowdfunding Webseite *„Kickstarter"* ihr Projekt: Sie möchte innerhalb eines Monats 100.000 $ einsammeln, um ihr Album, ein dazugehöriges Buch und ihre Tour zu finanzieren. Am 31. Mai 2012 hat sie 24.883 Unterstützer und 1.192.793 $ gesammelt.[111] Ihr Projekt ist also mit fast 1093 % überfinanziert.

Der Spielentwickler Brian Fargo will eine Fortsetzung des erfolgreichen PC Games *„Wasteland"* entwickeln. Die Publisher wollen das Vorhaben jedoch nicht finanzieren, da sie kein Potenzial in einem „veralteten" Rollenspiel sehen. Egoshooter sind das, was die Masse verlangt, angeblich. Brian Fargo gibt sich nicht damit zufrieden und umgeht die Publisher, indem er ein CF-Projekt startet, ebenfalls auf *Kickstarter*. Am 17. April 2012 hat er 61.290 Unterstützer und 2.933.252 $.[112] Die Publisher lagen mit ihrer Annahme falsch, dass ein solches Rollenspiel keine Interessenten finden würde.

Der Berliner Architekt Van Bo Le-Mentzel, der durch die Entwicklung der *„Hartz IV – Möbel"* bekannt geworden ist, will ein Buch veröffentlichen, in dem Bauanleitungen für eben diese Möbel zu finden sind, sodass jeder sein eigener Schreiner sein kann. Er will über die deutsche CF-Plattform *Startnext* 5.000 € zusammenbekommen und schafft sogar 13.159 € bis zum Laufzeitende der Fundingphase.[113]

Das bislang wahrscheinlich erfolgreichste plattformbasierte Crowdfunding Projekt ist das der Spielkonsole „OUYA". Auf *Kickstarter* ist es den Initiatoren gelungen, eine Summe von mehr als 8,5 Mio. US$ mit 63.416 Supportern einzusammeln. OYUA ist eine Spielkonsole für das TV, basierend auf einem Android Betriebssystem. Das Be-

---

[111] Kickstarter: Amanda Palmer
[112] Kickstarter: Brian Fargo
[113] Startnext: Van Bo Le-Mentzel

sondere ist, dass die Spiele von jedem, der möchte, geschrieben und für die OUYA Konsole zugänglich gemacht werden können.[114]

Diese Beispiele sind natürlich absolute Überflieger. Die Realität sieht nicht ganz so erfolgreich aus. Die größte deutsche CF-Plattform *Startnext* vermeldet nach eigenen Angaben eine Erfolgsquote von 46% bei 1189 Projekten (Stand November 2012). Das heißt, dass ca. 54% der Projekte nicht ihre angestrebte Summe erreichen. Auch sind in Deutschland noch nicht so unglaublich große Summen generiert worden wie in den USA. Welche Gründe das hat, wird weiter unten erläutert.

5.3 Crowdinvesting

Crowdinvesting wird hauptsächlich von Startup Unternehmen oder jungen Firmen beim Übergang von der Start- in die Wachstumsphase genutzt. Es ist eine neuartige Anlageform, die gewinnorientiert funktioniert. Dank extrem niedrigen Mindesteinlagen kann sich fast jeder beteiligen, nicht mehr nur Business Angels oder Anlagespezialisten. Neue, innovative Geschäftsideen haben größere Chancen auf Umsetzung als sie es ohne Crowdinvesting hätten.

5.3.1 Definition

Crowdinvesting setzt sich aus dem uns bereits bekannten englischen Wort „*crowd*" und dem englischen Wort „*investing*" (investieren, anlegen) zusammen. Es ist eine Unterform des Crowdfunding, die hierzu gravierende Unterschiede aufweist. Beim Crowdfunding erhält der Unterstützer für seine beigetragene Summe eine kleine Belohnung und die Möglichkeit, sich in das Projekt einbringen zu können. Die Initiatoren sind jedoch nicht dazu verpflichtet, die Vorschläge der Unterstützer umzusetzen. Auch erwerben die Unterstützer in keinerlei Weise Rechte oder Teilhabe an dem jeweiligen Projekt.

Beim Crowdinvesting hingegen erwirbt der Unterstützer mit seiner Investition Anteile. Somit wird er am Gewinn und Verlust des Geschäfts beteiligt. Das Besondere beim Crowdinvesting ist, dass ein Investor schon mit sehr geringen Beiträgen, den „Microinvestments", Anteile erwerben kann. Somit öffnet sich ein Markt, der früher nur Private Equity oder Venture Capital Investoren vorbehalten war. Dadurch besteht für die Initiatoren bzw. Gründer die Chance, sehr viele, kleine Anleger zu gewinnen und schneller

---

[114] Kickstarter: Ouya

an Eigenkapital zur Umsetzung ihrer Geschäftsidee oder zum schnelleren Wachstum zu gelangen.

5.3.2 Die Plattformen und deren Funktionsweise

Die Crowdinvesting Plattformen dienen wie die Crowdfunding Seiten zunächst einmal der Präsentations- und Kommunikationsmöglichkeit zwischen Gründern und Investoren. Die Unternehmer stellen ihre Geschäftsidee vor, legen ihren Businessplan offen und versorgen den möglichen Investor mit allen wichtigen Informationen, mit denen er das Risiko und die Chancen des Unternehmens abwägt.

Die Plattform steht dem Gründer bzw. Betrieb mit Rat und Tat zur Seite. Die Firmen werden eingehend geprüft und untersucht, bevor sie sich auf der Plattform präsentieren dürfen. Nicht jede Idee und jedes junge Unternehmen ist hierfür geeignet. Die Plattformen möchten keine Firmen vertreten, die zu risikoreich erscheinen oder die nicht in das Portfolio passen.

Die Funktionsweisen der Plattformen sind sehr ähnlich[115]: Die Plattformen prüfen die Unternehmen, die sich bei ihnen präsentieren möchten. Werden sie angenommen, bekommen sie die Möglichkeit, sich bei den Investoren vorzustellen und Interesse zu wecken. Anschließend folgt die Finanzierungsphase, in der Investoren für einen bestimmten Zeitraum die Möglichkeit haben, in ein Unternehmen zu investieren. Der unbedingt zu erreichende Betrag ist für alle einsehbar. Wird die benötigte Summe nach Ablauf der Frist nicht erreicht, erhalten die Investoren ihren Einsatz zurück. Kommt die Investitionssumme hingegen zusammen, werden Beteiligungsverträge zwischen Unternehmern und Investoren geschlossen. Die Anteile, die ein Investor erwirbt sind bei den meisten Plattformen stille Beteiligungen. In der Regel haben diese eine Laufzeit zwischen fünf und sieben Jahren, können je nach Vertrag jedoch schon früher gekündigt werden (vom Investor z.B. bereits nach 3 Jahren). Nach Ablauf des Vertrags erhalten die Investoren im besten Fall ihren Einsatz und die ihnen zustehende Gewinnbeteiligung. Auch ist es prinzipiell möglich, weiter an dem Unternehmen beteiligt zu bleiben, sofern der Vertrag entsprechend angelegt ist, dadurch könnte ein Investor an eventuellen Exiterlösen beteiligt werden.

---

[115] Informationsgrundlage sind die offiziellen Webseiten der Crowdfunding Plattformen, wie sie in der Abbildung „Crowdfunding Verzeichnis" aufgelistet sind.

Folgende Übersicht zeigt die zurzeit im deutschen Sprachraum angesiedelten Crowdinvesting Plattformen. Einige sind noch nicht online, andere sind bereits aktiv.

Crowdfunding Verzeichnis

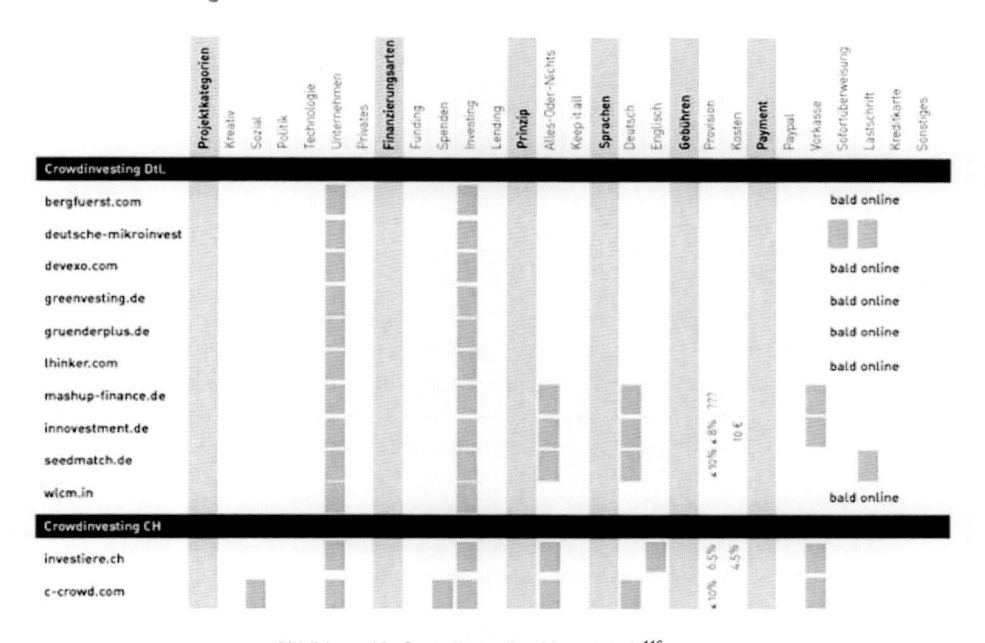

Abbildung 10: Crowdinvesting Verzeichnis[116]

Bergfürst, eine Crowdinvesting Plattform, die sich auf Unternehmen in der Wachstumsphase spezialisiert hat, wirbt damit, dass sie wie eine Börse funktioniert. Hier kann man seine Beteiligungen also ständig kaufen und verkaufen. Eine weitere Besonderheit dieser Plattform ist, dass sie eine BaFin Akkreditierung besitzt. Damit bietet sie ihren Anlegern nicht nur eine größere rechtliche Sicherheit, weil die Unternehmen unter anderem der Prospektpflicht unterliegen, sondern sie kann auch über die 100.000 € Investitionsgrenze gehen. Bei allen Plattformen, die eine solche Akkreditierung nicht besitzen, können die Unternehmen maximal diese Summe einsammeln.

Diese Unterschiede zeigen, wie verschieden und variabel die Umsetzungsmöglichkeiten von Crowdinvesting zurzeit sind. Das ist jedoch nicht nur positiv zu sehen. Zurzeit

---

[116] Cofunding (2012): „Crowdfunding Verzeichnis", selbst vorgenommene Aktualisierung der Paymentmethoden für „deutsche mikroinvest" (ursprünglich „bald online")

herrscht in Deutschland eine rechtliche Unklarheit bei Crowdinvesting und Crowdfunding Projekten, insbesondere eine steuerrechtliche. Da diese Finanzierungsmöglichkeiten so jung sind, hat der Gesetzgeber noch keine eindeutigen Richtlinien und Entscheidungen getroffen, um die Geschäfte in diesem Bereich abzusichern und auch nicht zuletzt die Unterstützer und Investoren vor Betrug zu schützen.

5.3.3 Gründer und Investoren

Welche Beweggründe gibt es für die Gründer und die Investoren, ein Crowdinvesting Projekt zu initialisieren und zu finanzieren? Sind es die gleichen Gründe wie die der Initiatoren und Unterstützer der Crowdfunding Projekte?

Gründer
Ein wesentlicher Unterschied zwischen den Initiatoren von Crowdfunding Projekten und den Gründern der Crowdinvesting Projekte ist der, dass es sich bei letzteren zum größten Teil tatsächlich um Unternehmensgründungen oder -weiterentwicklungen handelt. Es werden keine Anteile an einzelnen Produkten verkauft, sondern am gesamten Unternehmen. Das muss zwar nicht so sein, wie es bei einigen Filmprojekten gehandhabt wurde, ist jedoch überwiegend der Fall.

Wieso nutzen die Crowdinvesting Gründer nicht einfach herkömmliche Methoden, um an Kapital für Existenzgründungen zu kommen, wie zum Beispiel Bankkredite oder reguläre Business Angels?

Auf diese Frage gibt es die verschiedensten Antworten. Die zwei häufigsten Beweggründe sind mit Sicherheit zum einen die Art der Gründungen, die bei regulären Kreditgebern unter Umständen nicht in das Portfolio passen oder als zu riskant gelten. Viele der Crowdinvesting Projekte sind in neuen, innovativen Branchen anzusiedeln, deren Potenzial noch nicht ausreichend untersucht wurde. Zum anderen bietet das Crowdinvesting durch die Investoren, die in die Gründung investieren, die Möglichkeit, einen direkten, sehr intensiven Kundenkontakt aufzubauen. Denn nichts anderes sind die Investoren: der erste Kundenstamm, mit dem man durch die Plattformen intensiv kommunizieren kann. Dieser Kern wird das Unternehmen auch bei anderen Personen bekannt machen. Damit entsteht durch Crowdinvesting ein positiver Marketingeffekt. Die Glaubwürdigkeit wird gestärkt und dadurch lassen sich auch größere, herkömmliche Geldgeber anziehen.

Der Grund, warum Gründer nicht einfach das Crowdfunding Modell nutzen, was ja den Vorteil hätte, dass sie keine Anteile an der Firma verkaufen müssten und nicht über Jahre gebunden wären, ist der, dass von den Unterstützern beim Crowdfunding nicht annähernd so viel Geld investiert wird wie beim Crowdinvesting. Eine ausreichend große Summe ist für ein Unternehmen jedoch unerlässlich.

Investoren
Die Investoren von Crowdinvesting Projekten werden weniger von intrinsischen Motiven geleitet als die der Crowdfunding Projekte. Die Renditechancen der Unternehmungen sind weitaus attraktiver. Durch die sehr niedrigen Mindesteinlagen, ist es einer breiteren Masse an Menschen möglich solche Wagnisinvestitionen zu tätigen. Auch Verluste des Unternehmens sind eher zu verschmerzen als bei großen Summen.

Nichts desto trotz ist es nicht ausgeschlossen, dass diese Investoren auch mehr an Crowdinvesting Projekten reizt als die bloßen Einnahmemöglichkeiten. Crowdinvesting bietet die Möglichkeit, mit den Unternehmern in engen Kontakt zu treten und eigenes Knowhow mit einzubringen.

5.3.4 Erfolgreiche Crowdinvesting Beispiele

Im Folgenden sehen wir drei Beispiele, die sich auf deutschen Crowdinvestment Plattformen präsentiert und Investoren gefunden haben.

Auf der Crowdinvesting Plattform „*Seedmatch*" konnte die junge Unternehmerin Franziska Scheidel für ihre Unternehmensidee „*Bloomy Days*" – ein Blumenabonnement Service – bis zum 25.06.2012 100.000€ von 175 Investoren einsammeln, geplant waren 50.000€. Die Mindestbeteiligungssumme betrug 250€, die Mindestbeteiligungsdauer läuft bis Ende 2015. Die Beteiligung ist eine typisch stille Beteiligung.[117]

„*Munich Distillers*" ist das erste erfolgreich abgeschlossene Projekt der deutschen Crowdinvesting Plattform „*Mashup Finance*". Die drei Gründer der Destillerie „*Munich Distillers*" konnten ein Summe von 54.000€ generieren, angestrebt waren 50.000€. Der Betrag kam durch 51 Investoren in 130 Tagen zusammen.[118]

---

[117] Seedmatch: „Bloomy Days"
[118] Mashup Finance: „Munich Distillers"

Die Crowdinvesting Plattform „*Innovestment*" hat schon einigen Startups zur Verwirklichung geholfen, darunter der „*Fine Cotton Company*". Ihr Finanzierungsbedarf von 100.000€ wurde erfolgreich gedeckt.[119]

Crowdinvesting Plattformen sind noch nicht so zahlreich vertreten, wie die Crowdfunding Seiten. Auch sind die Startups, die bereits mit Hilfe von Crowdinvesting realisiert wurden, noch so jung, dass noch nicht abzusehen ist, wie sinnvoll eine Investition in ein solches Unternehmen ist. Die Entwicklung muss hier in den nächsten Jahren genau beobachtet werden.

5.4 Crowdfunding und –investing in den USA

Sowohl Crowdfunding als auch –investing ist in den USA bekannter und erfolgreicher als in Deutschland. Dort gibt es viele Projekte und Unternehmungen, die sehr positiv verlaufen sind. Der Trend, den die Crowdbewegung nimmt und in Deutschland theoretisch noch nehmen kann, ist hier abzulesen.

Der Grund für die schnellere Entwicklung in den USA ist gesellschaftlich bedingt. In den Vereinigten Staaten von Amerika gibt es keine derart massiven staatlichen Förderungen im kulturellen oder auch wirtschaftlichen Bereich wie in Deutschland. Die Bevölkerung ist hierfür stärker selbst verantwortlich und erkennt diese Verantwortung auch an. Die Bereitschaft, privat zu spenden, zu fördern und zu investieren ist um ein Vielfaches größer, fast selbstverständlich. Das Mäzentum hat hier Tradition.

Crowdfunding bietet uns in Deutschland die Chance, dieses Selbstverständnis in unsere Gesellschaft mit aufzunehmen. Dadurch können wir lernen, mehr Verantwortung für die Gesellschaft zu tragen, ohne dass der Staat involviert sein muss.

Auch die rechtliche Lage ist hier eindeutiger geregelt. US-Präsident Obama unterzeichnete am 05.04.2012 den „JOBS Act" (Jumpstart Our Business Startups Act). Damit ist in den USA eine sichere Grundlage geschaffen, die Crowdfunding und –investing Projekte regelt. Eine vergleichbare Lösung gibt es hierzulande noch nicht.

---

[119] Innovestment: „Fine Cotton Company"

Sinn des JOBS Act ist es, Unternehmensgründungen zu erleichtern und somit mehr Arbeitsplätze zu schaffen. Laut *taz.de* besagt der JOBS Act unter Anderem folgendes:

> „*...eine Firma mehr Aktionäre haben kann, bevor sie eine offizielle Akkreditierung bei der US-Börsenaufsicht braucht und Berichtspflichten hat,.... Außerdem wurde der maximale Marktwert erhöht – auf immerhin 50 Millionen Dollar.*"[120]

Der JOBS Act wird aber auch stark kritisiert. Viele Gegner befürchten, dass es durch die Lockerungen der Kontrollen verstärkt zu Betrugsfällen kommt. Auch die Angst vor einer neuen Spekulationsblase (in 2000 „Dotcom Bubble") ist groß, da der „Sarbanes-Oxley Act", der eine solche Katastrophe verhindern soll, im Zuge des JOBS Act, entschärft wurde.[121]

---

[120] Vgl. Schwan, Ben (2012)
[121] Ebenda

6 Mit der Crowd realisierte Filme

Dieser Abschnitt soll einige Filmprojekte vorstellen, die sich unter anderem mit Crowdfunding und –investing finanziert haben. *„Iron Sky"*, der erste hier vorgestellte Film, finanzierte sich sowohl mit herkömmlichen Finanzierungsmitteln als auch mit Crowdfunding und Crowdinvesting. Das Budget des zweiten Beispiels *„Stromberg der Film"* setzt sich aus regulären Finanzierungsgeldern und Crowdinvesting zusammen, jedoch keinem Crowdfunding. Das letzte Beispiel *„BAR25 – der Film"* hingegen nutzt ausschließlich Crowdfunding.

6.1 Iron Sky

Die Macher von *Iron Sky* bezeichnen ihr Projekt als *„dark science fiction comedy"* [122], eine schwarze Science Fiktion Komödie. Die Premiere fand am 11.02.2012 auf der Berlinale statt. Erste Kinostarts in Finnland und Deutschland folgten im April 2012.

Der Inhalt des Films kann folgendermaßen umrissen werden: Ende des zweiten Weltkriegs, in 1945, schaffen es einige Nazis aufgrund einer geheimen Weltraummission auf die dunkle Seite des Mondes zu fliehen. Hier bereiten sie einen Angriff auf die Erde vor, um sie endgültig einzunehmen. Der Film dreht sich um diesen, in 2018 stattfindenden Angriff.

Das Projekt ist eine finnisch-deutsch-australische Koproduktion mit einem Gesamtbudget von 7,5 Mio. Euro. 6,3 Mio. Euro davon stammen aus herkömmlichen Finanzierungsquellen wie unter anderem aus der *Finnish Film Foundation*, *Eurimages*, *Hessen FilmInvest*, *Screen Queensland* und diversen Vorverkäufen. Die restlichen 1,2 Mio. Euro wollten die Macher bis zum 13.03.2012 mit Hilfe von Crowdinvesting und Crowdfunding finanzieren.

Das Crowdfunding, welches 300.000 Euro ausmachen sollte, wurde auf neun CF Plattformen weltweit gestartet in der Hoffnung, dadurch mehr Interessenten abgreifen zu können, als wenn das Projekt nur auf einer einzigen CF Plattform gestartet worden wäre.[123] Diese Herangehensweise scheiterte jedoch. Es wurden nur 3% der angestreb-

---

[122] Iron Sky: Finance
[123] Iron Sky: „The Race to 300k"

ten Summe eingesammelt.[124] Timo Vuorensola, der Regisseur von *Iron Sky*, vermutet dahinter folgende Ursachen:

> The first mistake was to launch Iron Sky over multiple platforms. This creates immediate confusion among the followers; ... Second mistake was to go after post-shoot funding. The people supporting films want to help films get made, and to many the fact that the film has been shot means that the film is practically done.... Third mistake was that we didn't want to over-extend our welcome with you, dear followers."[125]

Aus diesem Grund entschloss man sich, eine zweite Fundingrunde auf nur einer einzigen Plattform zu initiieren. In diesem zweiten Anlauf schafften es die *Iron Sky* Macher, 10.250 Euro über die deutsche Plattform *Startnext* zu funden.[126]

Weitere 900.000 Euro sollten durch Crowdinvesting gesammelt werden. Hierfür konnte man über die Plattformseite direkt eine Mindesteinlage von 1000 Euro tätigen. Es gelang bis März 2012 76% dieser 900.000€ zu generieren. Die Darstellung unten zeigt den von den Machern online gestellten idealen Finanzierungsplan.

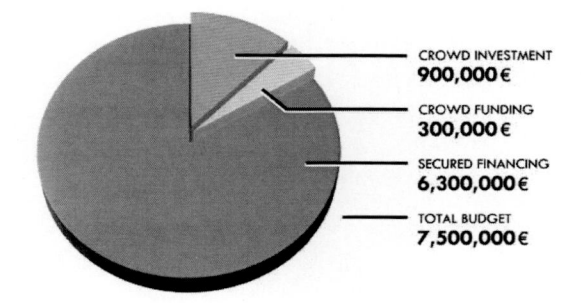

Abbildung 11: Finanzierungsplan Iron Sky[127]

Seit den ersten Kinoaufführungen im April 2012 wird der Film weltweit in ausgesuchten Kinos vorgeführt. Die Unterstützer können sich auf der *Iron Sky* Webseite mit ihrem Wohnort registrieren. Je mehr Anfragen es für einen Wohnort gibt, desto wahrscheinlicher ist es, dass *Iron Sky* im örtlichen Kino gezeigt wird.

---

[124] ebenda
[125] Vuorensola, Timo (2011)
[126] Startnext: Iron Sky
[127] ebenda

6.2 Stromberg der Film

„*Stromberg der Film*" ist wahrscheinlich das bis jetzt aufsehenerregendste Crowdinvesting Projekt in Deutschland, nicht zuletzt wegen der Beliebtheit der Serie „*Stromberg*", die eine sehr große Fanbase hat.

„*Stromberg*" ist eine sehr erfolgreiche TV Serie der Produktionsfirma *Brainpool TV GmbH*. Ihr Autor und Erfinder Ralf Husmann möchte die Serie als Kinospielfilm herausbringen und nimmt sich mit seinem Team vor, das Projekt neben herkömmlichen Finanzierungsmethoden über Crowdinvesting zu finanzieren. Er nutzt hierfür nicht die etablierten Plattformen, sondern startet das Investmentprojekt gemeinsam mit der Internetplattform „*myspass.de*". Hier wird im Dezember 2011 der ambitionierte Aufruf gestartet, innerhalb von drei Monaten eine Summe von einer Million Euro zu generieren. Tatsächlich wurde die Summe bereits nach wenigen Tagen verbucht.[128]

Das Investitionsprinzip, das sich die Macher haben einfallen lassen, ist denkbar einfach. Jeder Unterstützer hatte die Möglichkeit Anteile am Film zu kaufen. Ein Anteil war für 50€ zu erwerben, wobei pro Investor maximal 20 Anteile erworben werden durften.[129] Die Investorengemeinschaft, nicht jeder einzelne Investor, erhält pro verkaufte Kinokarte 1€ bis zu einer Million verkaufter Tickets. Darüber hinaus erhalten sie 0,50€ pro verkaufte Karte.[130] Nachfolgende Darstellung demonstriert dieses Prinzip. In diesem Beispiel wird davon ausgegangen, dass ein Investor 20 Anteile kauft, also 1000€ investiert.

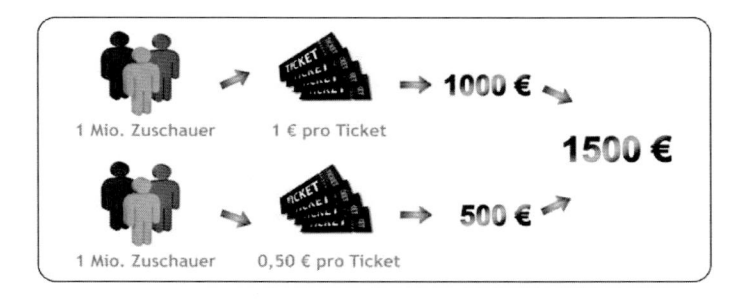

---

[128] Krei, Alexander (2012)
[129] Stromberg der Film: „Wie sieht das Investitionsmodell aus?"
[130] Ebenda

Abbildung 12: Investitionsprinzip von Stromberg der Film[131]

Es wird deutlich, dass man erst ab einer Million Kinogänger sein Investment zu 100% zurückerhält. Wie weiter oben ersichtlich, ist eine solche Besucherprognose für einen deutschen Film recht optimistisch, ein Gewinn dementsprechend nicht garantiert, was wieder das Risikopotenzial von Crowdinvesting deutlich werden lässt.

Die Dreharbeiten werden, etwas später als geplant, erst im Frühjahr 2013 beginnen. Die Kinoausstrahlung und die Besucherzahlen werden dann ausschlaggebend dafür sein, ob sich das Crowdinvestment für die Investoren gelohnt hat.

6.3 BAR25 – der Film

Das Projekt „*Bar25 – der Film*" ist eine Langzeitdokumentation über die berühmte Berliner „*BAR25*". Die Macher begleiteten das Leben und Treiben vom Zeitpunkt ihrer Eröffnung in 2003 bis hin zu ihrer Schließung in 2010.

Die BAR25 lag an der Spree und musste aufgrund einer Uferneustrukturierung ihre Pforten schließen. Dieser Ort war nicht nur eine normale Diskothek, sondern beinahe ein Dorf. Die *BAR25* schläft nicht. In ihr gibt es Restaurant, Hostel, Wiesen, Bäume, Lagerfeuer, Tanzflächen, Bühnen und einen Zirkus – eine Art Spielplatz für Erwachsene.

Das Filmteam startete in 2010, kurz nach der Schließung des Clubs, ein Fundingprojekt auf der Crowdfunding Plattform „*Inkubato*", um 25.000 Euro für die Postproduktion und Veröffentlichung des Films zusammenzutragen. Das Projekt wurde am 05.01.2011 erfolgreich mit 26.991 Euro abgeschlossen. Seit dem 03.05.2012 ist der Film in Deutschland, Österreich und der Schweiz in ausgewählten Kinos zu sehen.

---

[131] Ebenda

Wie die Macher sich in den vorangegangenen 7 Jahren finanziert haben, wird nicht ersichtlich. Die Fundingsumme wurde in diesem Beispiel also ausschließlich für die Nachbearbeitung verwendet.

7 Crowdfunding und Crowdinvesting als Filmfinanzierung

In diesem Kapitel werden Crowdfunding und Crowdinvesting auf deren Eignung als Filmfinanzierungsinstrument hin untersucht.

Im ersten Schritt wird ein Vergleich zwischen den herkömmlichen Finanzierungsarten und dieser „neuen" Finanzierungsmethode gezogen. Hierfür werden deren Stärken, Schwächen, Chancen und Risiken aufgezeigt.

Zum Zweiten werden einige Zahlen und Fakten, die aus der Untersuchung der wichtigsten deutschen Plattformen gewonnen wurden, vorgestellt. Hierbei werden hauptsächlich die für die Filmbranche relevanten Daten betrachtet.

Zum Schluss dieses Kapitels werden einige Cofundingmodelle, die sowohl herkömmliche Finanzierungsmethoden als auch Crowdfunding und –investing nutzen, vorgestellt. Zweck dessen ist eine Vorstellung der Möglichkeiten und Zukunftsszenarien wie Crowdfunding und –investing in die Filmfinanzierung integriert werden können.

7.1 Gegenüberstellung von herkömmlicher Filmfinanzierung und Crowdfunding sowie -investing

Die in der nachfolgenden Tabelle aufgeführten Charakteristika und Einschätzungen der Filmfinanzierungsmöglichkeiten leiten sich von den während der Erstellung dieses Buchs gewonnenen Erkenntnissen und recherchierten Informationen ab.

	Crowdfunding	Crowdinvesting	Herkömmliche Filmfinanzierung
Chancen	• Zunehmendes menschliches Bedürfnis nach sozialer Vernetzung und Integration • Verbreitung und Weiterentwicklung von online Bezahlmöglichkeiten, mobilen Technologien und globaler Vernetzung • Plattformtechnologie ist schnell, unbürokratisch und individuell anpassbar • Nischenprojekte finden ihre Zielgruppe		• Bei Erfolg, leichterer Zugang zu finanziellen Mitteln bei zukünftigen Projekten • Geringes Investitionsrisiko für den Filmemacher • Im Vergleich zu CF lassen sich große Geldmengen generieren
	• Demokratische Partizipation ermöglicht faire, transparente Auswahl der Projekte	• Schnelle, unkomplizierte Umsetzung der eigenen Ideen	
Risiken	• Betrugs- und Missbrauchsgefahr		• Starke Veränderung des eigenen Stoffes, um den Wünschen der Geldgeber zu entsprechen • Geringe Gewinnchancen für Produzenten, da häufig erst die Fremdfinanzierung gedeckt werden muss • Zu starker Verlass auf die funktionierenden Mechanismen, der Filmemacher wagt nichts mehr
	• Unterstützer verlieren wegen steigender Zahl an Projekten den Überblick • Durch das erhöhte Angebot an Plattformen entsteht eine Streuung der Unterstützer	• Anleger verspüren Unsicherheit aufgrund schwammiger Gesetzeslage • Finanzielle Verdienstmöglich-keit verdrängt Filminhalt	
Stärken	• Direkte Kommunikations- und Feedbackmöglichkeit • Wissensaustausch • Transparenz • Unbürokratisch		• Sichere, erprobte Vorgehensweise • Großes Branchennetzwerk das professionelle Unterstützung bietet • Auf Festivals und Branchentreffen vertreten, für Filmemacher eine gute Promotion - Grundlage
	• Demokratisch	• Risikostreuung • Geringe Mindestbeteiligungssummen	
Schwächen	• Geringer Bekanntheitsgrad • Extrem Zeit- und Betreuungsaufwendig		• Autoritäre, nicht transparente Auswahlverfahren • Teilweise publikumsfern • Eigeninteressen im Vordergrund • Auflagen verhindern Verfilmung von guten Stoffen • Einmischung in kreativen Prozess
	• Noch relativ geringe Fundingsummen	• Anteilsverteilung kann zu Rechtsstreit führen	

Tabelle 5: Gegenüberstellung CF, CI und herkömmliche Filmfinanzierung[132]

---

[132] Eigene Darstellung

Aus der Tabelle ist ersichtlich, dass jede der drei Finanzierungsmethoden unterschiedliche Vor- und Nachteile hat.

Chancen

Crowdfunding und –investing nutzt das Lebensgefühl unserer Zeit nach der die ständige Erreichbarkeit, das immer Online sein und das ununterbrochene Austauschen von Neuigkeiten und Informationen einen wichtigen, essentiellen Platz im sozialen Leben eingenommen hat. Die Funktionsweise dieser Finanzierungsmethode setzt hier an und passt perfekt zu den Umgangsformen und Idealen der digitalen Gesellschaft. Das Verlangen nach Selbstbestimmung, Partizipation, Einflussnahme und Mitbestimmung der Menschen passt zum System Crowdfunding und -investing. Menschen bietet es die Möglichkeit, sich selbst einzubringen, eine Bestimmung außerhalb der eigenen Lebensrealität zu finden. Das Bedürfnis nach Gerechtigkeit und sozialer Gleichheit wird durch gleiche Teilhabe und Einflussnahme des Einzelnen an den Projekten und den Fortschritten gestillt. Damit ist Crowdfunding und -investing für die Unterstützer eine attraktive Art und Weise, an der Entstehung von Projekten teilzuhaben. Eine neue Gruppe an Mikroinvestoren wird hiermit angesprochen und gewonnen.

Für die Projektinitiatoren sind diese Voraussetzungen ideal. Crowdfunding und –investing ist nicht nur eine Finanzierungsform, sondern gleichzeitig auch ein Marketinginstrument, ein Produkttest. Schnell ist absehbar, was beim Publikum ankommt und wie es unter Umständen angepasst werden muss. Die Markttauglichkeit wird ein Stück weit sichergestellt.

Welche Chancen bieten herkömmliche Filmfinanzierungsmethoden im Vergleich dazu? Der wichtigste Punkt ist, dass hier zurzeit noch viel größere Geldsummen generiert werden. Ob und wie lange das noch der Fall ist, hängt stark von der weiteren Entwicklung der Internet Community ab.

Die Möglichkeit, nach einem erfolgreichen Projekt leichter an finanzielle Mittel zu gelangen, ist nicht zu unterschätzen. Die Unterstützer beim Crowdfunding sind wahrscheinlich schwerer einzuschätzen als die Investoren bei gängigen Filmfinanzierungsarten. Alles in allem kann mit herkömmlichen Filmfinanzierungsmitteln also zurzeit mehr Geld akquiriert werden und sichere zukünftige Partnerschaften geknüpft werden.

Risiken

Beim Crowdfunding und –investing gibt es bei allen Beteiligten größere Sicherheitsbedenken – wie z.B. Angst vor Betrügern oder rechtliche Unsicherheiten – als bei etablierten, vertrauenswürdigen Finanzierungsmethoden. Grund hierfür sind die noch neuen und unbekannten Abläufe und die schwammige Gesetzeslage, gerade beim Crowdinvesting. Auch sind aus dem amerikanischen Raum einige Beispiele bekannt geworden, bei denen angebliche Initiatoren ein Projekt starteten und anschließend mit dem Geld über alle Berge verschwanden, ohne ihr geplantes Projekt umzusetzen. So das Projekt „*Eyez*", das eine HD Brille herstellen wollte, die jedoch niemals ausgeliefert wurde.[133] Zwar ist dieses Risiko für den Projektinitiator nicht gegeben, wenn seine Unterstützer jedoch zögerlich sind, bricht das ganze System in sich zusammen.

Weiterhin trägt die steigende Zahl an Projekten und auch Plattformen dazu bei, dass die Unterstützer den Überblick verlieren und so unter Umständen nicht mehr die Projekte entdecken, die sie angesprochen hätten.

Bei den herkömmlichen Filmfinanzierungsmethoden sind die Risiken ganz anders gelagert. Durch die Abhängigkeit in die sich der Filmemacher begibt, muss er damit rechnen, dass sein Stoff aufgrund der Wünsche und Vorstellungen der Investoren ganz andere Formen annimmt. Beim Crowdfunding können die Mikroinvestoren zwar auch mitreden, aber deren Vorschläge und Einwürfe sind nicht verbindlich.

Stärken
Die Stärken von Crowdfunding und –investing liegen in ihrer neuen Art zu kommunizieren. Die Kommunikation zwischen Initiatoren und Unterstützern ist direkt, transparent, unbürokratisch und fördert so auch einen schnelleren Wissens- und Meinungsaustausch.

Beim Crowdinvesting sind die geringen Mindestbeteiligungssummen für die Unterstützer sehr interessant, für den Projektinitiator ist die Risikostreuung auf viele Investoren sowie die Aussicht auf größere Investmentsummen von Bedeutung. Sowohl beim Crowdfunding als auch Crowdinvesting hat der Filmemacher mit dem hier generierten Geld einen größeren Spielraum als bei den herkömmlichen Filmfinanzierungsmethoden, die, wie weiter oben bereits erwähnt, an Auflagen gebunden sind.

Die Stärken der herkömmlichen Filmfinanzierung liegen in ihrer sicheren und hundertfach erprobten Vorgehensweise. Der Filmemacher trifft auf ein stabiles, professionelles Netzwerk, von dem er Unterstützung erwarten kann. Der Zugang zu Festivals und Branchentreffen wird ihm erleichtert, was für seine Vermarktung von großem Vorteil ist.

---

[133] McCracken, Harry (2012)

Schwächen

Der größte Nachteil von Crowdfunding und –investing ist der aktuell noch sehr geringe Bekanntheitsgrad in der Bevölkerung. Ein weiterer Schwachpunkt von CF und CI ist der Zeit- und Betreuungsaufwand. Ohne eine intensive Beschäftigung mit der Anwerbung von potentiellen Unterstützern, also dem Aufbau einer Fangemeinde, ist ein Projekt fast nicht umsetzbar. Wenn einem Supporter das Projekt nicht näher gebracht wird, erhält man sehr wahrscheinlich keine Unterstützung. Dieser Punkt darf von den Projektinitiatoren nicht missachtet und vernachlässigt werden und das passiert schnell, in Anbetracht der vielen weiteren Aufgaben, die mit der Produktion eines Films einhergehen.

Der größte Nachteil von Crowdfunding sind die geringen Summen, die zurzeit generiert werden. Eine Low-Budget Produktion verschlingt bereits ein, zwei Millionen, da sind Fundingsummen in Höhe von einigen tausend bis wenigen zehntausend Euro ein Tropfen auf den heißen Stein.

Ein Problem, das sich beim Crowdinvesting einstellen kann, sind eventuelle Rechtsstreitigkeiten über Gewinn- oder Verlustverteilungen. Wenn nicht ganz klar vertraglich festgelegt ist, welche Anteile den Mikroinvestoren zustehen – wie zum Beispiel ein bestimmter Prozentsatz aus den Kinoerlösen, aber nichts aus den nachfolgenden Auswertungsstufen – ist ein Streitfall vorprogrammiert.

Die Schwächen der herkömmlichen Finanzierungsmethoden werden durch die Regularien, denen sie unterliegen und nach denen sie Entscheidungen treffen, verursacht. Banken, Filmförderungen, Sender etc. haben alle ihre eigenen Agenden und Richtlinien nach denen sie handeln. Damit stehen sie sich teilweise selbst im Weg. Publikumsferne, völlig veränderte und angepasste Filme werden hergestellt, anderen wird ihre Daseinsberechtigung abgesprochen.

7.2 Zahlen und Fakten der Plattformbeobachtung

In nachfolgender Tabelle sind wichtige Informationen[134] über fünf deutsche Crowdfunding Plattformen zusammengefasst. Die hier gesammelten Informationen decken den Zeitraum von der jeweiligen Gründung bis zum Stichtag 24.09.2012 ab.

---

[134] Eigene Darstellung basierend auf den selbst gesammelten Informationen, die die jeweiligen Webseiten veröffentlicht haben (Stichtag 24.09.2012)

Plattform	Projekte Gesamt (erfolgreich/nicht erfolgreich/nicht beendet)	Gesamtfundingsumme erfolgreicher Projekte	Durchschnittliche Fundingsumme erfolgreicher Projekte
mysherpas	59 (25/34/0)	107.959,00 €	4.318,36 €
inkubato	74 (15/55/4)	80.418,00 €	5.361,20 €
pling	198 (25/163/10)	76.238,00 €	3.049,52 €
visionbakery	148 (66/77/5)	116.744,67 €	1.768,86 €
startnext	977 (386/379/212)	1.472.189,00 €	3.813,96 €

Plattform	Gesamtprojektanzahl Film/Video (erfolgreich/nicht erfolgreich/nicht beendet)	Lang/Kurz/ Doku/Serie	von den erfolgreichen: Lang/Kurz/Doku/ Serie	Gesamtfundingsumme erfolgreicher Projekte Film/Video	Durchschnittliche Fundingsumme erfolgreicher Projekte Film/Video
mysherpas	25 (10/15/0)	4/10/9/2	1/1/7/1	34.026,00 €	3.402,60 €
inkubato	29 (3/25/1)	7/9/11/2	0/0/3/0	27.146,00 €	9.048,67 €
pling	65 (13/49/3)	14/26/17/8	3/6/3/1	17.764,00 €	1.366,46 €
visionbakery	10 (4/5/1)	2/4/4/0	1/0/3/0	16.152,00 €	1.615,20 €
startnext	386 (167/141/78)	62/138/164/22	23/57/79/8	704.914,00 €	4.221,04 €

Plattform	Projektanzahl Film/Video in 2012 (erfolgreich/nicht erfolgreich/nicht beendet)	Lang/Kurz/ Doku/Serie	von den erfolgreichen: Lang/Kurz/Doku/ Serie	Gesamtfundingsumme erfolgreicher Projekte in 2012 Film/Video	Durchschnittliche Fundingsumme erfolgreicher Projekte Film/Video (2012)
mysherpas	7 (1/6/0)	1/4/2/0	0/0/1/0	1.461,00 €	1.461,00 €
inkubato	14 (1/12/1)	3/3/6/2	0/0/1/0	1.175,00 €	1.175,00 €
pling	50 (6/41/3)	8/23/12/7	1/4/0/1	5.114,00 €	852,33 €
visionbakery	7 (3/3/1)	1/3/3/0	1/0/2/0	15.712,00 €	5.237,33 €
startnext	288 (122/88/78)	46/103/121/18	15/42/59/6	599.940,36 €	4.917,54 €

Plattform	Projektanzahl Film/Video in 2011 (erfolgreich/nicht erfolgreich)	Lang/Kurz/ Doku/Serie	von den erfolgreichen: Lang/Kurz/Doku/ Serie	Gesamtfundingsumme erfolgreicher Projekte in 2011 Film/Video	Durchschnittliche Fundingsumme erfolgreicher Projekte Film/Video (2011)
mysherpas	17 (8/9)	3/6/7/1	1/1/6/0	32.035,00 €	4.004,38 €
inkubato	15 (2/13)	4/6/5/0	0/0/2/0	28.011,00 €	14.005,50 €
pling	15 (7/8)	6/3/5/1	2/2/3/0	12.650,00 €	1.807,14 €
visionbakery	3 (1/2)	1/1/1/0	0/0/1/0	440,00 €	440,00 €
startnext	98 (45/53)	16/35/43/4	8/15/20/2	104.973,64 €	2.332,75 €

Plattform	Projektanzahl Film/Video in 2010 (erfolgreich/nicht erfolgreich)	Lang/Kurz/ Doku/Serie	von den erfolgreichen: Lang/Kurz/Doku/ Serie	Gesamtfundingsumme erfolgreicher Projekte in 2010 Film/Video	Durchschnittliche Fundingsumme erfolgreicher Projekte Film/Video (2010)
mysherpas	1 (1/0)	0/0/0/1	0/0/0/1	530,00 €	530,00 €
inkubato	0	0	0	0,00 €	0,00 €
pling	0	0	0	0,00 €	0,00 €
visionbakery	0	0	0	0,00 €	0,00 €
startnext	0	0	0	0,00 €	0,00 €

Abbildung 13: Statistische Erhebung CF Plattformen

Bei der Betrachtung obiger Tabelle fällt auf, dass die Plattform *Startnext* mit Abstand die beliebteste Plattform bei den Initiatoren und Unterstützern ist. Sowohl die Gesamtprojektzahl als auch die Projekte der Kategorie Film/Video sind deutlich höher, als die der anderen hier betrachteten Plattformen.

Abbildung 14 verdeutlicht das Verhältnis zwischen der Gesamtprojektanzahl aller auf den Plattformen verfügbaren Kategorien seit Gründung der Plattformen und der Gesamtprojektanzahl der jeweiligen Kategorie Film/Video. Wie zu erkennen ist, stellt diese Kategorie bei fast allen Webseiten, mit Ausnahme von *Visionbakery*, einen erheblichen Anteil der Gesamtprojektanzahl.

Gleichzeitig wird die Entwicklung der Projektanzahl in der Kategorie Film/Video visualisiert. Bei drei der untersuchten Plattformen ist die Anzahl der gestarteten Projekte in dieser Kategorie gestiegen, bei *Startnext* sogar um ein Mehrfaches des Vorjahreswerts. Bei den zwei übrigen Crowdfunding Plattformen stagnierte die Zahl gestarteter Film/Video Projekte jedoch, bei *Mysherpas* ist sie sogar gesunken.

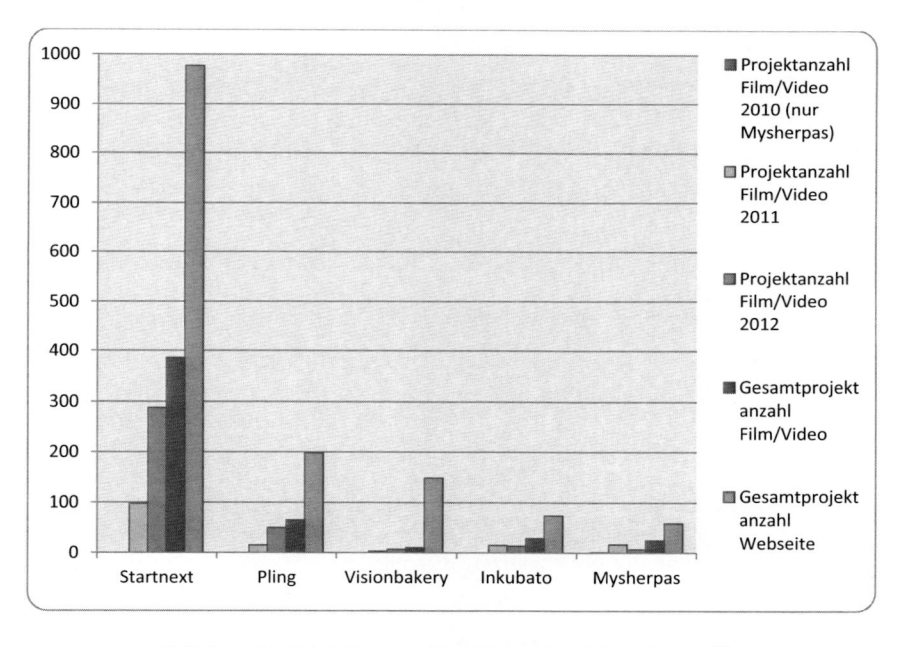

Abbildung 14: Entwicklung der Projektanzahlen CF Plattformen[135]

Nachfolgendes Schaubild stellt einen Vergleich zwischen den Gesamtfundingsummen erfolgreicher Projekte in der Kategorie Film/Video und den jeweiligen jährlichen Fundingsummen sämtlicher erfolgreicher Projekte an. Bei *Startnext* stellt diese Kategorie beinahe die Hälfte des gesamten Fundingvolumens. Bei allen anderen Webseiten wird hier nur ein Bruchteil generiert. Bei *Pling* stellen die Film/Video Projekte ca. ¼, bei *Inkubato* sowie *Mysherpas* ca. 1/3 und bei *Visionbakery* ca. 1/8 der Gesamtfundingsumme aller Projekte.

---

[135] Eigene Darstellung, Zahlen basierend auf Angaben der jeweiligen Webseite

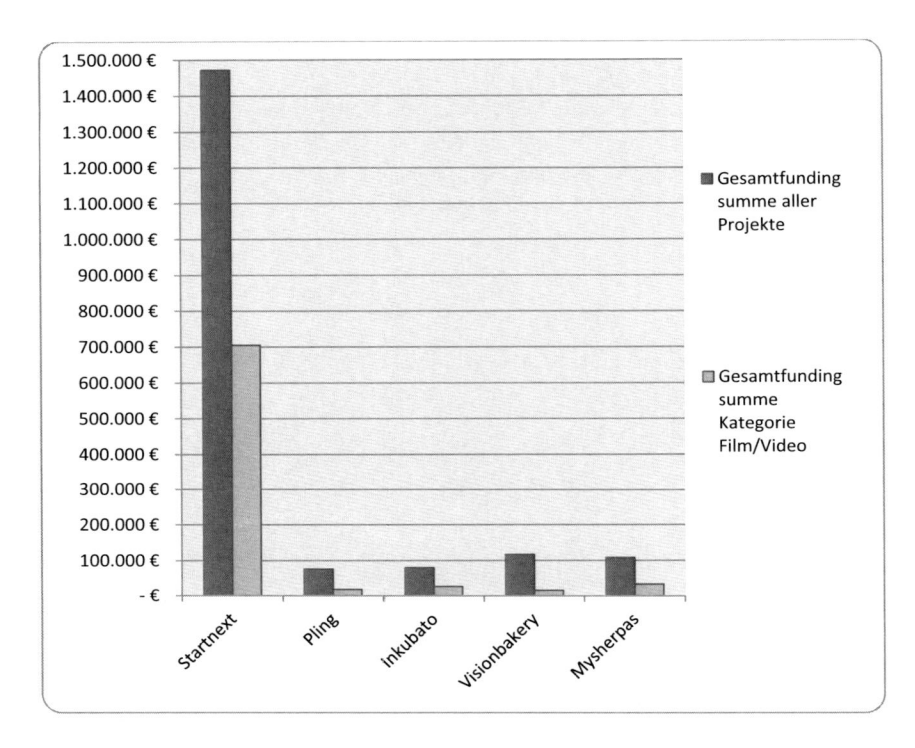

Abbildung 15: Verhältnis Gesamtfunddingsumme zu Fundingsumme Film/Video[136]

In der nachfolgenden Grafik werden die Gesamtfundingsummen Film/Video der jeweiligen Plattformen detaillierter aufgeschlüsselt. Zu sehen sind die jährlichen Fundingsummen. Auch hier wird deutlich, dass *Startnext* die anderen Plattformen weit hinter sich gelassen hat. Die Fundingsumme steigt hier von 2011 auf 2012 um das fast Sechsfache. Hier sowie bei allen weiteren Ausführungen ist zu beachten, dass die beobachteten Ergebnisse für 2012 „nur" das erste, zweite und dritte Quartal dieses Jahres beschreiben.

Erstaunlicherweise ist festzustellen, dass bei drei der fünf Plattformen das Jahr 2011 eine positivere Bilanz zeigt, als 2012. Nur bei *Startnext* und *Visionbakery* ist ein Aufwärtstrend im aktuellen Jahr zu verzeichnen. Diese Entwicklung kann ein Indikator

---

[136] Eigene Darstellung, Zahlen basierend auf Angaben der jeweiligen Webseite

dafür sein, dass die Crowdfundingbranche in 2011 durch die starke mediale Aufmerksamkeit positivere Ergebnisse verzeichnen konnte, als es zurzeit der Fall ist.

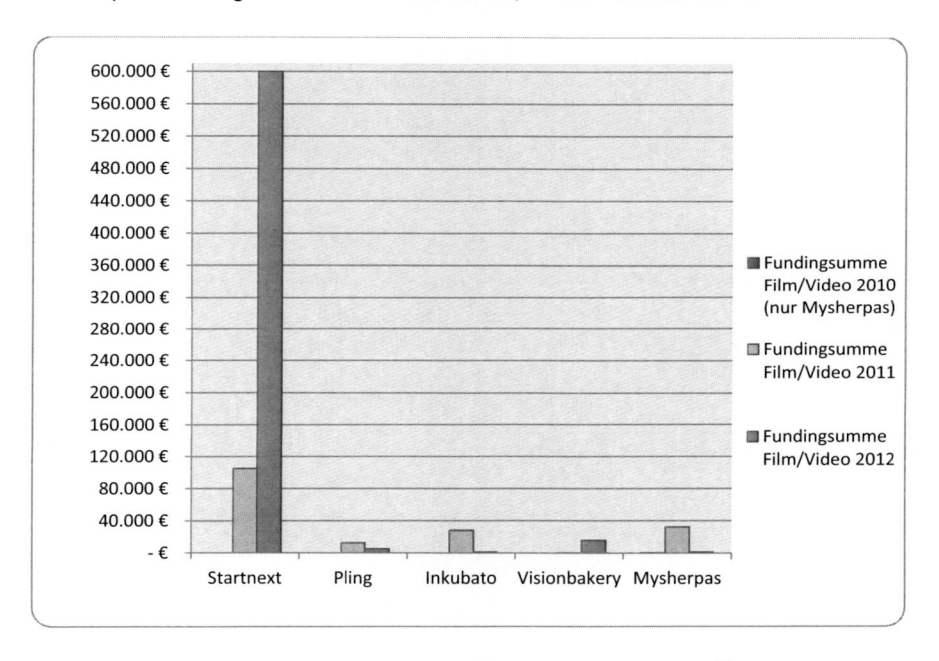

Abbildung 16: Jährliche Fundingsummen Kategorie Film/Video[137]

Die nächste Abbildung zeigt die durchschnittliche Fundingsumme erfolgreicher Projekte der jeweiligen Webseiten in der Kategorie Film/Video im Vergleich mit der durchschnittlichen Fundingsumme aller erfolgreichen Projekte.

Auch hier ist wieder erkennbar, dass das Jahr 2011 bei *Mysherpas, Inkubato* und *Pling* erfolgreicher war als 2012. Außerdem wird deutlich, dass die durchschnittliche Fundingsumme der Kategorie Film/Video bei *Startnext* und *Inkubato* über und bei *Visionbakery* fast gleichauf mit der durchschnittlichen Fundingsumme aller Projekte liegt. Dieses Interesse der Unterstützer an Filmprojekten ist für die Filmbranche an sich positiv anzusehen. Da jedoch die durchschnittlichen Fundingsummen im Verhältnis zu durchschnittlichen Filmproduktionskosten sehr gering sind, muss diese Erkenntnis relativiert werden.

---

[137] Eigene Darstellung, Zahlen basierend auf Angaben der jeweiligen Webseite

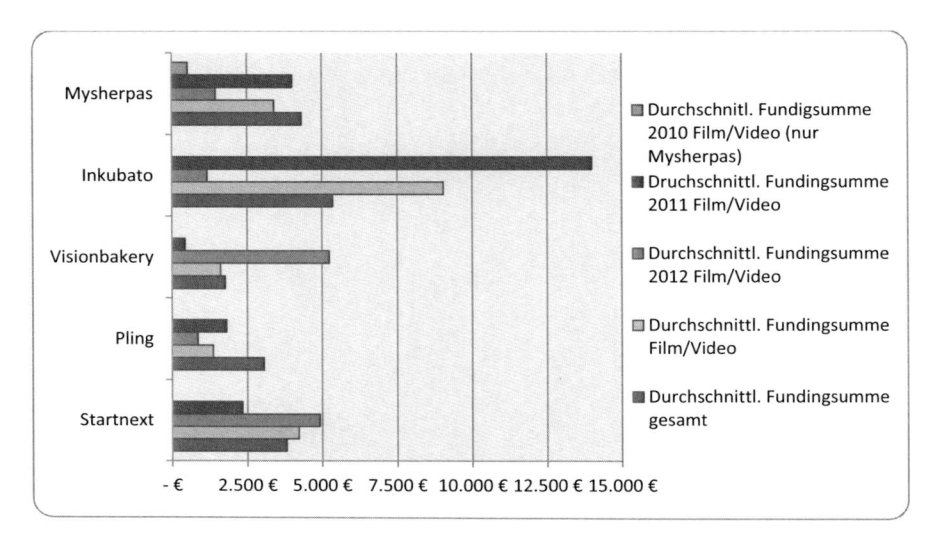

Abbildung 17: Durchschnittliche Fundingsummen[138]

Die nächsten Darstellungen zeigen die Art der Projekte in der Kategorie Film/Video. Die hier gewählten Unterteilungen sind: Spielfilm, Kurzfilm, Dokumentation und Serie. Unter die Kategorie Dokumentation fallen auch Events, die mit der Filmbranche in Verbindung stehen, wie zum Beispiel die Organisation von Filmfestivals.

Bei Betrachtung der Abbildungen 17 bis 21 ist festzustellen, dass weit über die Hälfte der gestarteten Projekte nicht erfolgreich finanziert werden.

Prüft man die einzelnen Projektarten, so wird deutlich, dass die meisten Projektinitiatoren eine Dokumentation verwirklichen möchten. Sowohl bei *Startnext* als auch bei *Inkubato* und *Visionbakery* starten hier die meisten Projekte. Tatsächlich sind es die Dokumentationen, die bei den Unterstützern den größten Anklang finden. Von insgesamt 194 gestarteten Dokumentationen sind 95 erfolgreich finanziert worden, was eine Erfolgsquote von 49% darstellt. Bei sämtlichen Plattformen stammen die am erfolgreichsten finanzierten Projekte aus der Kategorie Film/Video, mit Ausnahme von *Pling*.

Gleich darauf folgen die Kurzfilme in der Beliebtheitsskala der gestarteten Projekte. Bei *Pling* und *Mysherpas* sind diese sogar Spitzenreiter. Jedoch werden sie nicht so häufig erfolgreich finanziert wie die Dokumentationen. Bei *Inkubato* und *Visionbakery* wurde

---

[138] Eigene Darstellung, Zahlen basierend auf Angaben der jeweiligen Webseite

bis jetzt sogar kein einziger Kurzfilm erfolgreich finanziert, obwohl im Verhältnis zu allen gestarteten Projekten der Kategorie Film/Video recht viele Kurzfilme präsentiert wurden. Auch bei *Mysherpas* ist die Erfolgsquote der Kurzfilme ernüchternd, von 10 gestarteten ist nur ein einziger erfolgreich finanziert worden. Von insgesamt 187 gestarteten Kurzfilmprojekten sind 64 erfolgreich finanziert worden, das ist eine Erfolgsquote von 34%.

Erst an dritter Stelle der gestarteten Projekte stehen die Spielfilme. Hier ist zu erwähnen, dass viele der Spielfilmprojekte nicht mit der Absicht ins Leben gerufen werden, den ganzen Film zu finanzieren, sondern zum Beispiel nur die Postproduktion, die Vervielfältigung oder den Soundtrack. Auch hier wird nur ein kleiner Teil der gestarteten Projekte erfolgreich finanziert. Von 89 gestarteten Projekten wurden 28 erfolgreich beendet, eine Erfolgsquote von 31,5%.

Weit abgeschlagen bezüglich gestarteter Projekte sind die Serien. Bei diesen handelt es sich größtenteils um Webserien oder Channels. Bei *Visionbakery* wurden bis jetzt gar keine Projekte dieser Art gestartet, bei *Inkubato* einige wenige, jedoch ohne Erfolg. Insgesamt starteten hier 34 Projekte, von denen 10 erfolgreich waren. Damit haben Serien beim Crowdfunding eine Erfolgsquote von 29,4%.

Sämtliche Projektarten zusammengenommen wurden – bis zum Stichtag – auf allen Plattformen insgesamt 515 Projekte in der Kategorie Film/Video gestartet und davon wiederum 197 erfolgreich beendet. Die Erfolgsquote liegt dementsprechend bei 38%. Wenn man die einzelnen Webseiten betrachtet, ergibt sich folgendes Bild: Bei *Startnext* wurden 386 Film/Video Projekte gestartet und 167 erfolgreich finanziert. *Startnext* kann damit eine Erfolgsquote von 43,3% verzeichnen. *Visionbakery* startete 10 Projekte, 4 davon erfolgreich, womit sich eine Erfolgsquote von 40% ergibt. Bei *Pling* gingen 65 Film/Video Projekte an den Start, 13 erreichten ihr Ziel, dementsprechend verzeichnet diese Webseite eine Erfolgsquote von 20%. *Inkubato* startete 29 Film/Video Projekte, davon 3 erfolgreich, eine Erfolgsquote von 10,34% ergibt sich. *Mysherpas* verzeichnete 25 Film/Video Projekte und verabschiedete 10 davon erfolgreich, damit erreicht *Mysherpas* eine Erfolgsquote von 40%.

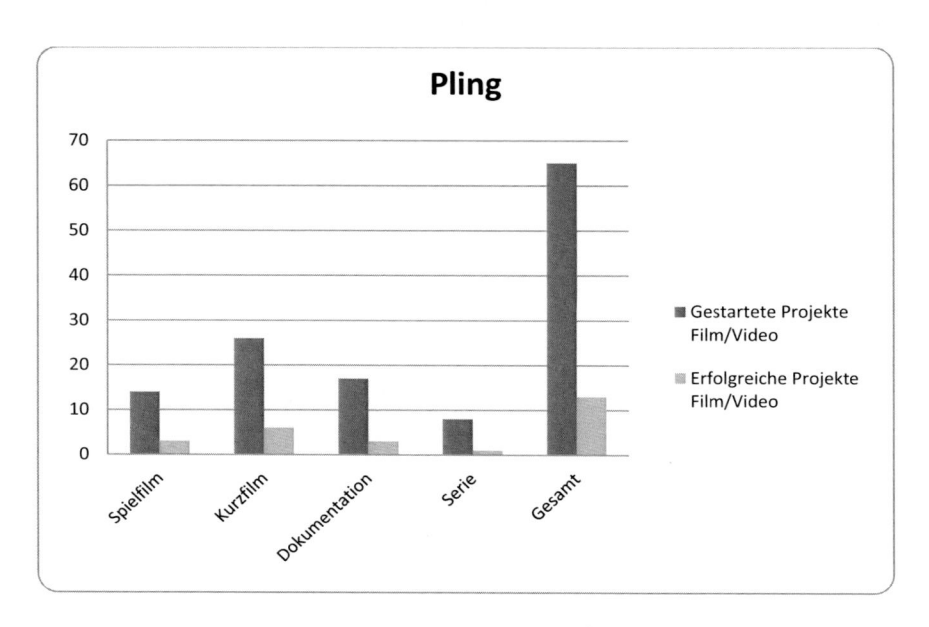

Abbildung 18: Pling Projektart[139]

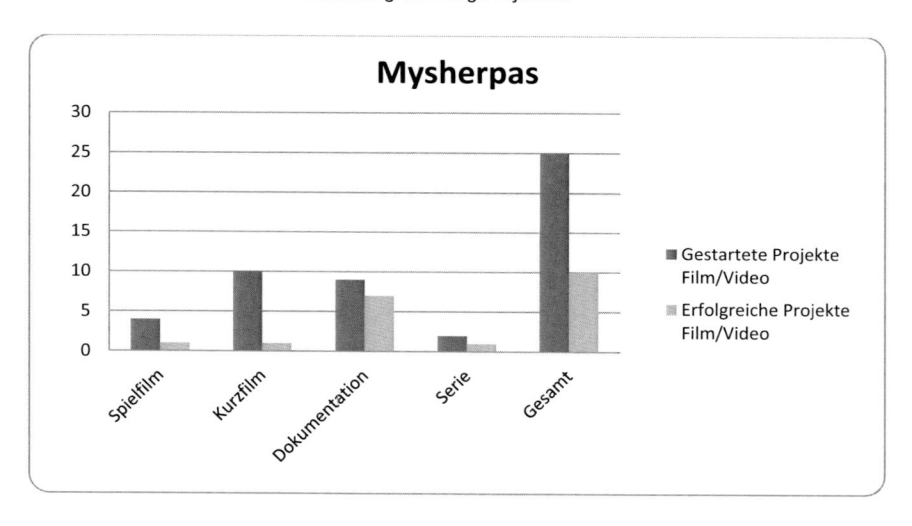

Abbildung 19: Mysherpas Projektart

---

[139] Eigene Darstellung, Zahlen basierend auf Angaben der jeweiligen Webseite

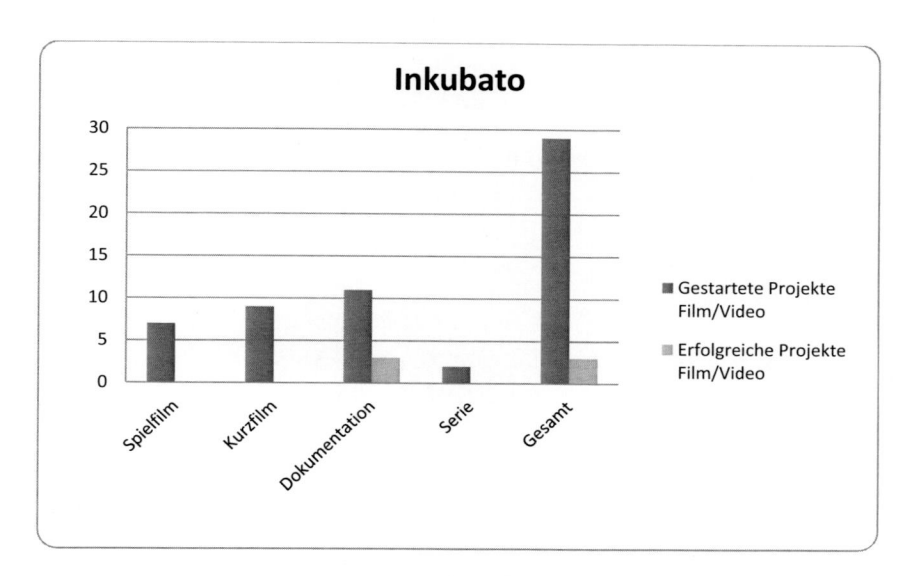

Abbildung 20: Inkubato Projektart[140]

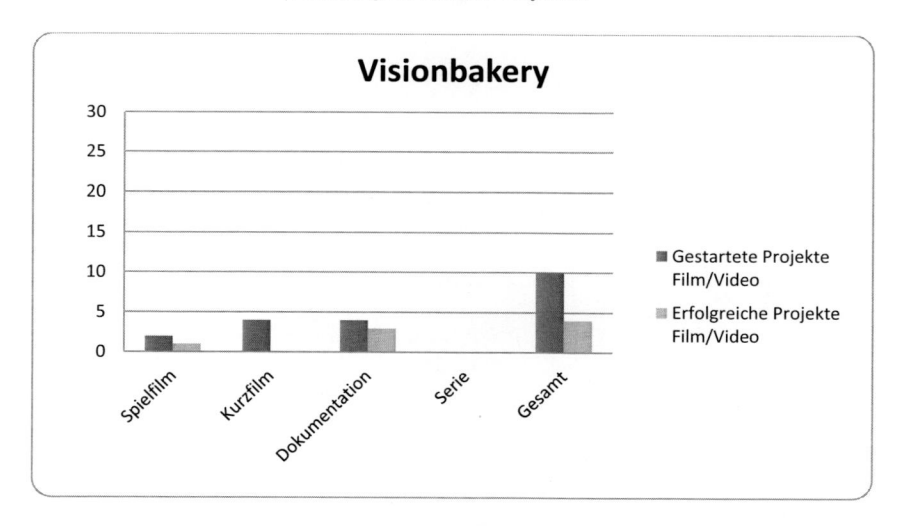

Abbildung 21: Visionbakery Projektart[141]

---

[140] Eigene Darstellung, Zahlen basierend auf Angaben der jeweiligen Webseite
[141] Eigene Darstellung, Zahlen basierend auf Angaben der jeweiligen Webseite

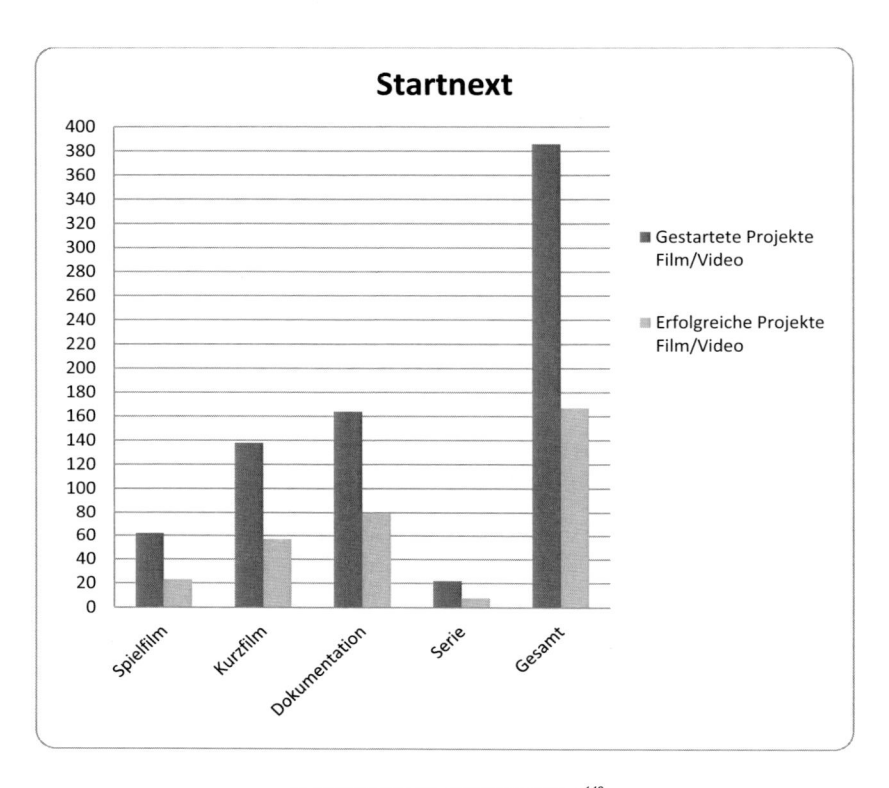

Abbildung 22: Startnext Projektart[142]

Nach dieser eingehenden Betrachtung und Abwägung der Crowdfunding Zahlen wird als nächstes ein knapper Überblick über die Projekte der Crowdinvestingbranche gegeben.

Die Crowdinvesting Plattformen selbst sind mehr darauf spezialisiert, jungen Unternehmen den Einstieg in die Gründungsphase zu erleichtern oder bereits bestehenden Unternehmen einen Schub in die Wachstumsphase zu geben. Bis jetzt ist auf den deutschen, aktiven Crowdinvesting Plattformen weder ein einziges Filmunternehmen gestartet, noch wurde ein Projekt ins Leben gerufen.

Nachfolgende Tabelle gibt einen Überblick über die fünf wichtigsten, bereits aktiven Crowdinvesting Plattformen (Stand 14.10.2012).

---

[142] Eigene Darstellung, Zahlen basierend auf Angaben der jeweiligen Webseite

Plattform	Zahl repräsentierter Firmen (Zeichnungsfrist abgeschl./ nicht abgeschl.)	Art der CI Plattform	Angestrebtes Gesamtvolumen der Projekte (Fundingschwelle)	Bis jetzt akquiriertes Volumen
Devexo	6 (0/6)	Emissionshandel mit bereits etablierten Firmen	279.450.000 €	Nicht bekannt
Deutsche Mikroinvest	4 (1/3)	Sowohl Gründer- als auch Wachstumsfinanzierung	100.000 €	30.400 €
Innovestment	13 (10/3)	Nur Startups	891.700 €	799.892 €
Seedmatch	22 (20/2)	Nur Startups	1.135.000 €	2.077.750 €
Mashup Finance	1 (1/0)	Sowohl Gründer- als auch Wachstumsfinanzierung	50.000 €	54.000 €

Tabelle 6: Crowdinvesting Plattformen[143]

Wie zu sehen ist, sind die hier generierten Summen sehr viel größer als beim Crowdfunding. Teilweise, wie bei *Seedmatch* und *Mashup Finance* deutlich zu sehen, generieren die einzelnen Projekte sogar weit mehr Geld als benötigt wird. Jeder der Investoren erhält für seinen finanziellen Beitrag einen Anteil an dem jeweiligen Unternehmen. Diesen kann er nach einiger Zeit gewinnbringend auslösen, sei es durch einen Weiterverkauf an andere Investoren, durch die Erstattung der Investitionssumme inklusive Zinsen durch das Unternehmen selbst oder durch einen Exiterlös. Welche Möglichkeiten dem Investor offenstehen, ist in den Verträgen festgehalten. Wenn das Unternehmen Verluste macht, ist die Investitionssumme ganz oder teilweise verloren.

Weiter oben wurden die beiden Crowdinvesting Beispiele „*Iron Sky*" und „*Stromberg – der Film*" bereits vorgestellt. Sie nutzen das Crowdinvesting Prinzip, verkaufen also Anteile an ihrem Produkt Film. Beide lassen ihre Investoren nur an einem eingeschränkten Teil ihrer Erlöse teilhaben. Das Ausschüttungsziel bei „*Stromberg – der Film*" liegt, wie bereits erwähnt, so hoch, dass es für einen deutschen Film nicht so leicht zu erreichen ist. Es muss aber auch so hoch liegen, um überhaupt einen Nutzen aus dem Crowdinvesting zu ziehen. Würde man den Investoren bereits bei einer geringeren Hürde als einer Million Kinozuschauer Geld zurückgeben, würden die Macher hier keinen finanziellen Nutzen ziehen können.

---

[143] Eigene Darstellung, Zahlen basierend auf Angaben der jeweiligen Webseite

Abwägung und Interpretation der Untersuchungen

Die Beobachtungen lassen erkennen, dass die Zahl der gestarteten Projekte im Vergleich zu 2011 bei drei der untersuchten Plattformen leicht gestiegen ist, bei einer weiteren stagnieren die Projektstarts und bei *Mysherpas* brachen sie ein. Hieraus lässt sich schlussfolgern, dass der Bekanntheitsgrad von Crowdfunding noch relativ gering ist und dessen positive und nützliche Eigenschaften noch nicht vollständig erkannt und anerkannt sind. Der Crowdbewegung muss es gelingen, mehr Menschen zu erreichen und diese von der Idee zu überzeugen. Gerade die deutsche Gesellschaft, die eine solche Innovation gerne als Almosen und Spenden abtut, ohne den Sinn, Nutzen und die Gegenseitigkeit zu begreifen, wird sich hier sehr zögerlich und zurückhaltend heranwagen. Auch die Filmbranche muss noch lernen und akzeptieren, dass sich hier eine neue Möglichkeit auftut. Auch wenn die Zahlen noch relativ bescheiden sind, kann Crowdfunding und -investing ein wertvolles Instrument sein, wie die Kölner Produktionsfirma *Brainpool TV GmbH* bereits eindrücklich unter Beweis gestellt hat.

Die Fundingsummen in den ersten drei Quartalen in 2012 sind bedauerlicherweise überwiegend geringer als im Jahr 2011. Dass die Zahlen in 2012 bei *Mysherpas* aufgrund der sinkenden Projektanzahl schlechter ausfallen als im Vorjahr, ist nicht verwunderlich. Leider sind aber auch sinkende Fundingsummen bei *Inkubato* und *Pling* zu verzeichnen, obwohl die Zahl gestarteter Projekte hier nicht geringer ist als in 2011. Bei Pling ist diese sogar leicht gestiegen. Nur bei *Startnext* sind die Fundingsummen erheblich gestiegen, wobei hier auch ein Projektanstieg zu beobachten ist. *Vision Bakery* ist die einzige echte positive Überraschung, hier sind die Fundingsummen im Verhältnis zur stagnierten Projektanzahl geradezu explodiert. Nichts desto trotz muss immer im Hinterkopf behalten werden, dass die hier generierten Summen im Vergleich zu den Beträgen, die zur Realisierung eines Film benötigt werden, geradezu lächerlich gering sind.

Betrachtet man die angebotenen Projekteinteilungen der Crowdfunding Plattformen, ist zu erkennen, dass die Kategorie Film/Video bei fast allen Seiten den größten Anteil an gestarteten Projekten stellt. Setzt man die durchschnittliche Projektfundingsumme erfolgreicher Film/Video Projekte jedoch ins Verhältnis zur durchschnittlichen Projektfundingsumme aller erfolgreicher Projekte, muss man feststellen, dass sie bei drei der fünf Plattformen darunter liegt. Nur bei *Startnext* und *Inkubato* liegt sie darüber. Damit wird klar, dass viele der Projektinitiatoren einen Film oder ein Videoprojekt verwirklichen möchten, dass die Bereitschaft der Unterstützer, in diesem Bereich mehr zu investieren, jedoch geringer ist.

Die Erfolgsquote der Kategorie Film/Video, alle Plattformen zusammengenommen, liegt bei 38%. Ein Großteil der gestarteten Projekte in der Kategorie Film/Video sind

Dokumentationen. Diese werden auch am besten unterstützt, finden also am ehesten einen positiven Abschluss. Die zweithäufigsten gestarteten Projekte sind die Kurzfilme, welche jedoch eine relativ schlechte Resonanz bei den Unterstützern finden. Langspielfilme sind am seltensten anzutreffen und diese wenigen sind überwiegend als Teilfinanzierungsaufruf ausgelegt. In Anbetracht der tatsächlichen Kosten für einen vollständigen Spielfilm ist das jedoch nur logisch und äußerst sinnvoll.

Aktuell ist das Crowdfunding allein in Anbetracht der geringen Mittel die hier generiert werden, für die vollständige Finanzierung von Filmen nicht geeignet. Ein anfänglicher Schritt der Filmindustrie hin zum Crowdfunding sind demnach Cofundingmodelle, die im nachfolgenden Abschnitt erläutert werden.

Das Crowdinvesting ist für kleine Filme, die nicht wie *„Stromberg"* bereits auf die eine oder andere Weise in der Öffentlichkeit standen, sehr riskant, da die Investoren ihre Anlage mit großer Wahrscheinlichkeit nicht zurückerhalten, oder eine Rendite einfahren werden. Hierdurch würde sich großes Misstrauen gegenüber solchen Projekten entwickeln und infolge dessen auch keine Investoren für Folgeprojekte gefunden werden.

7.3 Cofundingmodelle

Mit „Cofunding" werden in der Crowdszene Finanzierungsmodelle bezeichnet, bei denen öffentliche Förderungen Crowdfunding Projekte unterstützen. Gerade bei Filmprojekten wären solche Cofundingmodelle eine interessante Alternative zu den herkömmlichen Finanzierungsmodellen.

Anna Theil[144] stellt in ihrem Beitrag zum Cofunding Handbuch einige Cofundingmodelle vor, wobei sie keine Bezeichnungen für die Modelle verwendet. Die Namen der hier aufgeführten Modelle sind Vorschläge meinerseits. Anzumerken ist, dass es eine große Vielfalt an Kombinations- und Umsetzungsmöglichkeiten solcher Cofundingvorhaben gibt. Hier soll nur eine Anregung sowie grobe Vorstellung gegeben werden, wie solche Kooperationen zwischen Projektinitiatoren und herkömmlichen Filmförderinstitutionen ablaufen können.

---

[144] tyclipso.me (Hrsg.) (2012), S.52f

Spiegelungsmodell:

Das erste Modell ist ein *„Spiegelungsmodell"*. Hier willigt die Förderung (z.B. die FFA) ein, für jeden durch die Crowd generierten Euro einen weiteren Euro dazuzuzahlen. Die Spiegelung wäre also in diesem Fall 1:1. Diese Regelung kann theoretisch auch individuell verändert und angepasst werden (z.B. 1:2 oder 1:0,5). Nachfolgend ist eine 1:1 Regelung visualisiert.[145]

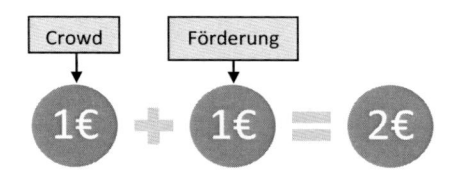

Abbildung 23: Spiegelungsmodell

Durch ein solches Modell würde der Crowd durch die Förderungen ein gewisses Maß an Entscheidungsgewalt übertragen. Problematisch bei diesem Modell ist die Frage, wie festgelegt werden kann, welche Projekte für eine solche Finanzierungsmethode in Frage kommen. Man kann von den Förderungen nicht erwarten, dass sie ständig auf allen CF und CI Plattformen präsent sind und auf geeignete Projektinitiatoren und deren Unterstützer zugehen. Eine solche Vorgehensweise hätte auch mit Sicherheit eine Selektion durch die Förderung zur Folge. Diese Selektion widerspricht der Grundidee, der Crowd eine Entscheidungsmacht zu übertragen.

Deshalb wäre es für dieses Spiegelungsmodell am sinnvollsten, wenn die Projektinitiatoren selbst auf die Förderer zugehen und mit ihnen einen Vertrag aushandeln würden.

Nachfolgende Darstellung zeigt eine Finanzierungsverteilung, wie sie mit dem Spiegelungsmodell mit 1:1 Verteilungsschlüssel aussehen könnte.

---

[145] Eigene Darstellung, angelehnt an „Das co:funding Handbuch", S.52

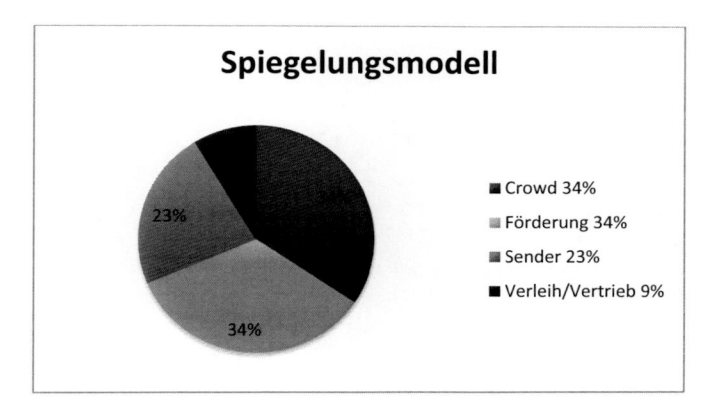

Abbildung 24: Spiegelungsmodell Finanzierungsverteilung[146]

Vorqualifizierungsmodell:
Dieses Cofunding Modell sieht vor, dass erfolgreiche Crowdfunding Projekte von einer Jury für eine Förderung ausgewählt werden, nachdem die Crowd ihre Unterstützung für diese signalisiert hat. *Anna Theil* formuliert es wie folgt:

„*Während die Förderinstitutionen weiterhin für Qualitätsanspruch stehen, liefert die Crowd die gesellschaftliche Relevanz.*"[147]

Nachfolgendes Schaubild[148] visualisiert den Prozess des Vorqualifizierungsmodeles.

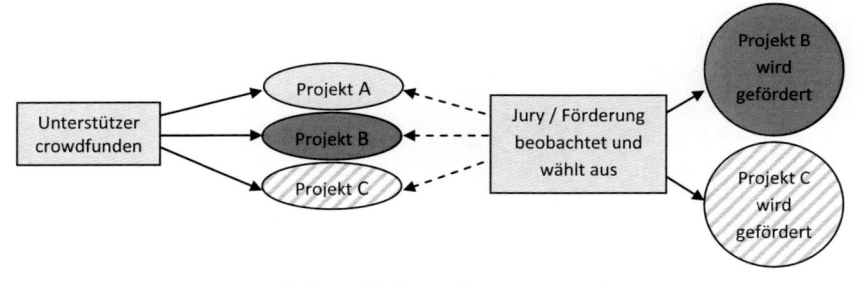

Abbildung 25: Vorqualifizierungsmodell

---

[146] Eigene Darstellung
[147] tyclipso.me (Hrsg.) (2012), S.53
[148] Eigene Darstellung

Wettbewerbsmodell:

Das Wettbewerbsmodell funktioniert wie ein Voting. Mehrere Projekte, die zuvor von einer Jury ausgewählt wurden, treten in einem Wettbewerb um die Unterstützergunst gegeneinander an. Das Projekt, welches die größte Anzahl an Supportern – nicht an Unterstützersumme – erreichen kann, ist der Gewinner und erhält automatisch eine Förderzusage.

Dieses Modell ist tatsächlich schon gemeinsam von *Startnext* und der *Mitteldeutschen Medienförderung* erprobt worden.[149] Fünf ausgewählte Kurzfilmprojekte hatten die Möglichkeit vom 18.07. bis zum 01.08. so viele Supporter wie möglich für sich zu gewinnen. Der erste Platz erhält eine Anschubfinanzierung von 2000€, der zweite und dritte Platz erhält jeweils 500€.

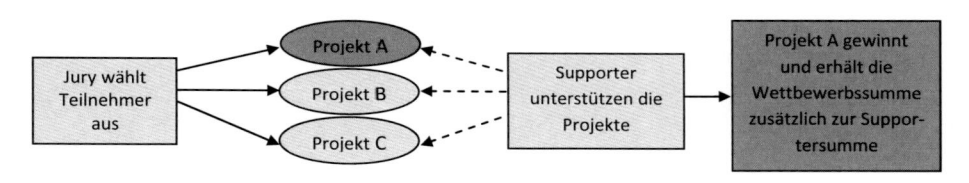

Abbildung 26: Wettbewerbsmodell[150]

Die hier vorgestellten Modelle sind eine Auswahl aus vielen möglichen Formen und Herangehensweisen, um Crowdfunding mit etablierten Filmförderungsmöglichkeiten zu kombinieren.

Bis heute gibt es jedoch nur eine verschwindend geringe Anzahl an durchgeführten Cofunding Projekten. Auch sind die Fördersummen, die hierfür aufgewendet werden nicht mit den regulären, viel höheren Beträgen zu vergleichen. Die Cofunding Modelle müssen in Zukunft größere Summen hervorbringen, mehr Akzeptanz bei Unterstützern, Fördereinrichtungen, sowie Filmschaffenden finden und vor allen Dingen einen größeren Bekanntheitsgrad erlangen.

Wenn diese Voraussetzungen gegeben sind, wird das Cofunding einen größeren Stellenwert in der Filmbranche einnehmen und im besten Fall der erste Schritt hin zu reinen durch Crowdfunding und Crowdinvesting finanzierten Filmen sein.

---

[149] Startnext: MDM Wettbewerb
[150] Eigene Darstellung

8 Ergebnisbetrachtung und Ausblick

In nachfolgendem Abschnitt werden alle Hauptaussagen und Feststellungen zusammengefasst, um einen komprimierten Überblick über die Arbeitsergebnisse zu geben.

8.1 Kernaussagen und Erkenntnisse

Zunächst ist festzuhalten, dass Filme, Dokumentationen und Bücher eine sehr wichtige Rolle in unserer Persönlichkeitsbildung und unserem kulturellen Selbstverständnis spielen. Unser Erfahrungs- und Wissenshorizont erweitert sich durch diese Medien, sowohl was unsere Wahrnehmung der Welt und Natur angeht, als auch die Erfahrungs- und Lebensrealitäten unserer Mitmenschen. Fast jeder weiß zum Beispiel, wie die Pyramiden von Gizeh aussehen, aber nur ein kleiner Teil hat sie tatsächlich schon gesehen. Darüber hinaus sind die in Filmen und Büchern geschaffenen Fantasiewelten eine Erweiterung und Anregung unseres Seins. Filme spiegeln unsere Gesellschaft wider, sind sowohl rückblickend als auch zukunftsweisend und ein wichtiger Teil unserer Kultur. Filme sind unverzichtbar und werden auch in Zukunft gedreht und gesehen werden.

Filmherstellung hat in den meisten Fällen weniger mit Selbstbereicherung und Erfolgsstreben, sondern vielmehr mit Idealismus und dem Glauben an die eigene Idee zu tun. Filmproduktionen sind Hochrisikogeschäfte, in denen es äußerst schwierig ist, die finanziellen Mittel zur Verwirklichung aufzutreiben und bei denen in den seltensten Fällen am Ende ein rentables Ergebnis steht. Der Filmproduzent ist stark abhängig von Förderinstitutionen, Sendern und anderen Geldgebern. Dadurch wird zwar das Verlustrisiko auf mehrere Schultern verteilt, gleichzeitig wird jedoch ein erheblicher Anteil an Kontrolle und gestalterischer Freiheit abgegeben. Wenn Crowdfunding im Film eine größere Rolle spielen würde, wären diese Einschränkungen nicht so gravierend und trotzdem würde sich das Investmentrisiko verteilen.

Gleichzeitig könnte die künstlerische und wirtschaftliche Wertigkeit eines Films durch die Crowd bewertet werden. Diese ist, wie die Zahlen zeigen, zurzeit jedoch noch nicht groß genug, um aussagekräftige Schlussfolgerungen für den wirtschaftlichen und künstlerischen Erfolg zuzulassen.

Während der Filmherstellung muss ein Produzent dafür sorgen, dass ihm sämtliche Urheber- und Leistungsschutzrechte vertraglich überlassen werden, um sicherzustellen, dass er diese auch weiterverkaufen und lizensieren kann. Erst durch diesen Rechtehandel kann ein Film finanziert werden. In Deutschland werden Filme selten bis nie nur aus einer Hand erstellt. Die Lizenzen und Rechte werden verkauft. Die dadurch entstehenden Partnerschaften tragen dazu bei, die Finanzierung überhaupt erst stemmen zu können, das Verlustrisiko zu verteilen, Knowhow zu kumulieren oder um Anspruch auf bestimmte Förderungen zu erlangen. Nachteilig sind die gegenseitige Abhängigkeiten und die damit verbundenen inhaltlichen und organisatorischen Kompromisse, die nicht immer zur Verbesserung und Optimierung des Produkts Film beitragen.

Gerade deutsche Filme haben unglaubliche Schwierigkeiten, ihre Produktionskosten zu decken, geschweige denn einen Gewinn einzufahren. Das liegt an den geringeren Besucherzahlen für deutsche Kinofilme, an dem schrumpfenden Kinoauswertungsfenster aufgrund des ständig steigenden Angebots bei gleichbleibender Anzahl an Kinoleinwänden und an der geringen Reichweite deutscher Filme, hauptsächlich wegen der sprachlichen Barriere. Die Produktionskosten der Filme sind immens, es wird aber schlichtweg nicht genug Geld eingenommen um diesen Aufwand auszugleichen. Deshalb sind Filmförderungen so unglaublich wichtig, mit ihnen wird die Filmlandschaft aufrechterhalten. Auch die anderen Partner wie TV Sender, Filmverleih und Filmvertriebsunternehmen, einige wenige Banken oder andere Produktionsunternehmen sind bei der Filmherstellung aktuell nicht ersetzbar und zwingend notwendig. Ein Film kann meist nur dann entstehen, wenn mehrere dieser Finanzierungspartner zusammenarbeiten.

Neben den Verpflichtungen und Kompromissen, die aus den eingegangenen Partnerschaften entstehen, gibt es einen weiteren, entscheidenden Nachteil: Viele gute Filmideen und Konzepte scheitern an den Bedingungen und Richtlinien, die insbesondere von den Filmförderungen vorgegeben werden. Sie fallen durchs Raster und haben keine Möglichkeit, auf dem herkömmlichen Weg realisiert zu werden.

Auch wenn die Finanzierung gelingt, sind die kommerziellen Erfolge, die durch den Film eingespielt werden, nicht groß genug, um einen echten Gewinn zu erwirtschaften. Insbesondere aufgrund der gängigen Rückflussplanung, bei welcher die Produzenten häufig erst nach ihren Lizenzpartnern bedacht werden, sind die positiven Erträge, mit denen neue Projekte finanziert werden könnten, nur minimal.

Neue Finanzierungskonzepte wie Crowdfunding oder –investing, hätten nicht die Nachteile der herkömmlichen Finanzierungsmethoden. Abhängigkeiten und Beeinflussungen würden reduziert, fremdbestimmte inhaltliche und organisatorische Vorgaben und Richtlinien bestünden nicht mehr, was bestimmten Filmen erstmals die Chance zur Realisierung eröffnen könnte. Zusätzlich fände eine Umwälzung der kulturellen Verantwortung vom Staat auf die Bürger statt, was sowohl den bürokratischen Aufwand als auch das Risiko der Publikumsferne vermindern könnte.

Die Idee des Crowdfunding und –investing geht aus dem Prinzip des Crowdsourcing hervor. Das Verlangen nach Selbstbestimmtheit und Selbstverwirklichung, der Wunsch eigene Fähigkeiten zu optimieren, der Wille, eine Veränderung herbeiführen zu können, der gegenseitige Wissensaustausch und der Reiz, gemeinsam an Problemlösungen zu arbeiten, all das sind ursprüngliche Motivatoren sich über Crowdsourcing, Crowdfunding und Crowdinvesting zu beteiligen. Diese interaktive Wertschöpfung lebt vom Mitdenken und aktiven Partizipieren der Teilhaber und Produzenten.

Kern des Crowdfunding und –investing bei den Projektinitiatoren bleibt primär die Beschaffung finanzieller Mittel. Auch das Testen, Überprüfen und Ausloten des eigenen Konzepts, die Nutzung als Marketinginstrument sowie die Kommunikationsmöglichkeiten sind nicht zu unterschätzen. Die Unterstützer von Crowdfunding Projekten werden sowohl extrinsisch durch die *„Dankeschöns"* motiviert, als auch durch oben genannte intrinsische Beweggründe. Die Hauptmotivation der Unterstützer bleibt die Spekulation auf Rendite und Rückfluss des eingesetzten Kapitals.

Die Crowdfunding und –investing Plattformen bieten gegenüber den nicht-plattformgebundenen Projekten entscheidende Vorteile wie den Kundenstamm, die individuell anpassbare Plattformstruktur, die vielfältigen Zahlungsmöglichkeiten oder die Beratungsqualität. Für Projekte, bei denen große Geldsummen eingesammelt werden sollen, ist auch eine nicht-plattformgebundene Webseite zu empfehlen, die dann wirklich als Basis des ganzen Projekts dient.

In jedem Fall ist sowohl Crowdfunding als auch Crowdinvesting eine sehr zeitintensive Methode, um an finanzielle Mittel zu gelangen. Der Aufbau einer Unterstützer- bzw. Fangruppe und die Pflege ehrlicher Kommunikation sind dabei wichtig. Ebenso sollte die Transparenz des Projekts ständig gewährleistet sein. Mit Hilfe guter, engagierter Unterstützer ist es möglich, einen werbewirksamen Schneeballeffekt zu erzeugen, der zu mehr Unterstützern und damit zu größerer Kapitalisierung beiträgt.

Beim Crowdinvesting wird durch die Investoren weitaus mehr Geld gesammelt als beim Crowdfunding. Dadurch, dass hier Anteile am Projekt, bzw. am Unternehmen erworben werden, ist die Möglichkeit gegeben, dass die Unterstützer an dessen Gewinn beteiligt sind. Genauso ist natürlich eine Beteiligung an eventuellen Verlusten möglich. Durch die sehr niedrigen Mindesteinlagen ist dieses Risikogeschäft auch für kleinere Geldbeutel interessant, aber eben auch sehr spekulativ. Auch rechtlich gesehen herrscht, anders als in den USA, in Deutschland eine gewisse Verunsicherung über diese neue Praxis der Anlagemöglichkeit. Obwohl die Grundzüge bereits schon durch die Ideen von Raiffeisen bekannt wurden.

Da Crowdinvesting bis jetzt eher zur Unternehmensfinanzierung genutzt wurde, ist es für Filmprojekte eher ungewöhnlich, obwohl die generierten Summen, im Vergleich zum Crowdfunding, mehr dem entsprechen, was für solche Filmvorhaben von Nöten ist. Wichtige Filmbeispiele, bei denen Crowdinvesting genutzt wurde, sind „Iron Sky" und „Stromberg – der Film".

Die neuen Finanzierungsmöglichkeiten entsprechen der heutigen mobilen, digitalen Gesellschaft, sie unterstützen ihre Kommunikationsfreudigkeit und bieten die Chance, an Projekten, die gefallen, teilzuhaben und damit das Bedürfnis nach Selbstbestimmung und Partizipation zu befriedigen. Sie sind direkt, transparent und unbürokratisch, fördern einen schnellen Wissensaustausch und ermöglichen das gemeinsame Erarbeiten von Problemlösungen und die Optimierung der Projekte. Den Initiatoren dienen sie als Marketinginstrument und kleine Finanzierungsspritze, beim Crowdinvesting auch als große. Letztgenanntes bietet den Projektinitiatoren einen größeren Handlungsspielraum und ist dadurch für Filmproduzenten interessant. Beim Crowdinvesting sind für mögliche Investoren die geringen Mindestbeteiligungssummen ein großer Anreiz.

Dafür bestehen, wie erwähnt, große rechtliche Unsicherheiten und es gibt nur eine schlechte Absicherung der Unterstützer und Investoren. Durch die steigende Anzahl an Projekten und Plattformen werden auch gute, erfolgversprechende Projekte nicht notwendigerweise „entdeckt" und gefundet. Trotzdem zeigen die Zunahmen der Crowdfunding und -investing Plattformen eine Entwicklung steigender Bekanntheit, auch wenn die Projektanzahl im Vergleich zu 2011 nicht so stark gestiegen ist wie nach dem explosionsartigen Schub von 2010 auf 2011 erhofft. Dieser noch relativ geringe Bekanntheitsgrad, gerade unter potenziellen Unterstützern, ist einer der Gründe, aus welchen die eingesammelten Summen eher gering sind. Für Initiatoren ist Crowdfunding und -investing sehr zeit- und betreuungsaufwendig.

Die herkömmlichen Filmfinanzierungsarten locken mit einer größeren Summe, professionellem Netzwerk und einem bewährten, nachvollziehbarem Ablauf, lassen aber auf der anderen Seite mit den eigenen Vorgaben und Richtlinien nicht kompatible Projekte links liegen. Die gegenseitige Abhängigkeit der Produktionspartner ist ein weiterer Nachteil.

Die Kategorie Film/Video der verschiedenen Plattformen verzeichnet immer mehr Projektstarts, die Fundingsummen stagnieren jedoch. Die Summen die hier pro Projekt eingenommen werden, pendeln in der Regel um 2500€. Bis Ende August 2012 liegt die Erfolgsquote auf den fünf betrachteten Webseiten der gestarteten Filmprojekte bei 38%. Die am häufigsten startende und auch erfolgreichste Art von Filmprojekt der Kategorie Film/Video ist der Dokumentarfilm (49% Erfolgsquote), darauf folgt der

Kurzfilm (34% Erfolgsquote), dann erst der Spielfilm (31,5% Erfolgsquote) und zum Schluss die Serie (29,4% Erfolgsquote).

Für eine eigenständige Filmfinanzierung ist Crowdfunding alleine nicht geeignet, es bietet nur ergänzende Vorteile. Cofundingmodelle sind das, worauf man sich in naher Zukunft konzentrieren sollte.

8.2 Eignet sich Crowdfunding und –investing als alternative Filmfinanzierungsform? – Ein Ausblick

Was bedeuten nun die in dieser Untersuchung gesammelten Informationen und Erkenntnisse für die Filmbranche? Eignen sich Crowdfunding und –investing zukünftig als Filmfinanzierungsmittel?

Mit Crowdinvesting ist es, wie die Zahlen belegen, möglich, mehr Geld für das eigene Projekt zu generieren als mit Crowdfunding. Da mit Crowdinvesting jedoch eher Unternehmen an sich aufgebaut und weiterentwickelt werden, sind hiermit bis jetzt nur wenige Filmprojekte realisiert worden eines davon mit Hilfe plattformbasierten Crowdinvestings. Grund hierfür sind mit Sicherheit die sehr viel kompliziertere und aufwendigere Verwaltung und Handhabung der Fundingsummen. Die Unterstützer, beziehungsweise Anleger, werden weniger durch das Projekt an sich, sondern eher durch dessen Gewinnaussichten motiviert. Gerade bei deutschen Filmprojekten sind die Gewinnchancen, wie aus den Statistiken ersichtlich, größtenteils sehr mager. Seit durch die Gesetzesänderung in 2005 ein Verlustvortrag nicht mehr möglich ist, ist eine Geldanlage im Filmgeschäft für viele nicht mehr interessant. Crowdinvesting wird für einzelne Filmprojekten lohnend und sinnvoll sein, wie zum Beispiel für *„Stromberg – der Film"*. Für unbekannte Filmemacher wird es weiterhin schwierig umzusetzen und nicht ergiebig sein.

Alles in Allem kann man festhalten, dass Crowdfunding aufgrund der dürftigen Fundingsummen zurzeit noch ungeeignet für eine vollständige, alleinige Filmfinanzierung ist. Der geringe Bekanntheitsgrad und die unbeständigen Zahlen lassen eine aussagekräftige Prognose für die Zukunft kaum zu.

In 2011 ist ein eindeutiger Hype um Crowdfunding zu erkennen, der bereits 2012 wieder abebbt. Diese Entwicklung eröffnet aber auch die Chance, Crowdfunding ernsthaft und professionell zu betreiben. Es besteht die Möglichkeit des langsamen, konstanten Wachstums, indem die richtigen Menschen angesprochen werden ohne nur

Blendwerk zu sein. Das Prinzip des Crowdfunding ist somit zukunftsweisend und erfrischend innovativ, sodass es mit Sicherheit nicht wie irgendein Trend von der Bildfläche verschwinden wird. Es wird sich weiter etablieren und wachsen und auch in Deutschland eine Alternative zu herkömmlichen Finanzierungsmöglichkeiten wie Banken oder Filmförderungen darstellen, nicht zuletzt, weil die jüngsten politischen und wirtschaftlichen Ereignisse eine Belastung für diese Finanzierungspartner darstellen, welche es auszugleichen gibt.

Viele Gründer, Initiatoren und Unterstützer der ersten Tage sehen die „Entfremdung" des Crowdfunding Prinzips durch große Player aus der Musikbranche, der Gamesentwicklerszene und der Filmindustrie, welche Crowdfunding als Marketinggag benutzen, sehr kritisch. Sie befürchten, dass die Grundidee, auch Kleinen die Chance zu geben, ihre Projekte zu verwirklichen, dadurch verloren geht.

Ich denke jedoch auch, dass von einer solchen kaum zu stoppenden Entwicklung auch die kleinen Initiatoren profitieren. Denn durch die Aufmerksamkeit, die von Zeit zu Zeit durch die Großen auf das Thema gelenkt wird, erhalten auch kleine, gute Projekte eine Bühne, auf der sie sich präsentieren können. Dass nicht jedes Projekt verwirklicht werden kann und Crowdfunding nicht der Heilige Gral der Filmemacher wird, ist nur logisch und natürlich. Mit wachsender Bekanntheit und Beliebtheit dieser Finanzierungsmethode wird es auch hier immer mehr Konkurrenz geben und das ein oder andere gute Projekt durchs Raster fallen.

Der Aspekt des Crowdfunding als Marketinginstrument ist in meinen Augen unglaublich wichtig und tragend für dessen weitere Entwicklung und Expansion. Diesen positiven Effekt des Crowdfunding können sich sowohl bereits etablierte Unternehmen als auch neue Firmen und Filmemacher zu Nutze machen, um die mediale Aufmerksamkeit und damit auch potentielle Geldgeber auf sich, beziehungsweise das Projekt zu lenken.

Sowohl für die großen als auch für kleinen, unbekannten Filmemacher ist Crowdfunding eine sichere und kostengünstige Möglichkeit, um die Markttauglichkeit ihres Films abschätzen zu können und unter Umständen Schwachpunkte im Konzept aufdecken und rechtzeitig beheben zu können.

Die Verlagerung des Finanzierungsrisikos von Filmprojekten auf mehrere Schultern wird ja bereits bei herkömmlichen Finanzierungsmethoden angewandt und ist bei derart geringen Beträgen, die durch Crowdfunding generiert werden, für große Projekte praktisch irrelevant. Falls die Summen in Zukunft größer und entscheidender werden, ist dieser positive Effekt wiederum ganz anders zu bewerten. Jedoch lässt die aktuelle Entwicklung nicht darauf schließen, dass sich die Crowdfundingsummen für Filmprojekte in Deutschland in naher Zukunft stark und schnell erhöhen. Wahrscheinlicher ist eine langsame, stetige Vergrößerung.

Crowdfunding und -investing sind als neue Finanzierungsquellen eine interessante Alternative. Es ist anzunehmen, dass Crowdfunding als Filmfinanzierungsinstrument zunächst als Mischfinanzierung eine Bedeutung entfalten wird. Kombinationen zwischen Crowdfunding und herkömmlichen Finanzierungsmethoden ermöglichen viele positive Neuerungen. Sie können allen Marktteilnehmern nachhaltige Vorteile bringen. Die Cofundingmodelle sollten wegen des großen Potentials mehr Anwendung finden, verbessert und erweitert werden.

Literaturverzeichnis

Buch

Castendyk, Oliver (2008): „Die deutsche Filmförderung – Eine Evaluation". Konstanz, UVK Verlagsgesellschaft mbH

Field, Syd, u.a. (2000): „Drehbuchschreiben für Fernsehen und Film – Ein Handbuch für Ausbildung und Praxis". 7. völlig neu bearbeitete Auflage; Übers. von Reichert, Carl-Ludwig; München, List Verlag Journalistische Praxis [Orig. Titel "Screenplay, The Foundation of Screenwriting" 1982]

Papsdorf, Christian (2009): „Wie Surfen zu Arbeit wird - Crowdsourcing im Web 2.0". Frankfurt am Main, New York, Campus Verlag

Storm, Sebastian (2000): „Strukturen der Filmfinanzierung in Deutschland". Potsdam, VBB Verlag für Berlin und Brandenburg Schriftenreihe zur Film- Fernseh- und Multimediaproduktion Band 6

Wendling, Eckhard (2012): „Recoup! Filmfinanzierung- Filmverwertung" Konstanz, UVK Verlagsgesellschaft mbH Praxis Film Band 66

Zwirner, Anke (2012): „Finanzierung und Förderung von Kinospielfilmen in Deutschland – Herausforderungen und Chancen für junge Produzenten" Wiesbaden, VS Verlag für Sozialwissenschaft

Graue Literatur

Flechsig, Prof. Dr. Norbert u.a. (Hrsg.) (2011): „Filmstatistisches Jahrbuch 2011". Schriftenreihe zu Medienrecht, Medienproduktion und Medienökonomie Band 22, Baden-Baden, Nomos Verlagsgesellschaft

tyclipso.me (Hrsg.) (2012): „Das co:funding Handbuch". 2. erweiterte und aktualisierte Auflage, Dresden, tyclipso media evolution UG

Internetquellen

Allary Film TV & Media (Hrsg.): "Treatment". Auf movie-college.de.
URL: http://www.movie-college.de/filmschule/drehbuch/treatment.htm
[zuletzt geprüft 12.08.2012]

ArtistShare: „About us"
URL: http://www.artistshare.com/v4/home/about [zuletzt geprüft 27.08.2012]

BKM (2012): „Filmförderung". Auf Bundesregierung.de
URL:http://www.bundesregierung.de/Webs/Breg/DE/Bundesregierung/BeauftragterfuerKulturundMedien/medien/filmfoerderung/_node.html [zuletzt geprüft 28.07.2012]

BKM (2012): „Förderbereiche". Auf bundesregierung.de.
URL:http://www.bundesregierung.de/Webs/Breg/DE/Bundesregierung/BeauftragterfuerKulturundMedien/medien/filmfoerderung/foerderbereiche/_node.html;jsessionid=5A65B568743C2DC0B3A442AD87F5C1A5.s1t2 [zuletzt geprüft 16.08.2012]

Cofunding (2012): „Crowdfunding Verzeichnis". Auf cofunding.de
URL: http://www.cofunding.de/Site-Service-Top/Blog/Detail/b/Infografik-15-Jahre-Crowdfunding-in-Deutschland-377 [zuletzt geprüft 27.08.2012]

DrehbuchWerkstatt München (Hrsg.): „Wie ein Exposé aussieht" Auf drehbuchwerkstatt.de.
URL: http://www.drehbuchwerkstatt.de/Fachtexte/expose.htm [zuletzt geprüft 12.08.2012]

Eurimages (2012): "What We Do". Auf coe.int
URL: http://www.coe.int/t/dg4/eurimages/About/default_en.asp [zuletzt geprüft 17.08.2012]

FFA (2012): „Die Filmabgabe" Auf ffa.de.
URL: http://www.ffa.de/downloads/Die_Filmabgabe.pdf [zuletzt geprüft 15.08.2012]

FFA (2012): „FFG und Regelungen". Auf ffa.de
URL: http://www.ffa.de/ [zuletzt geprüft 16.08.2012]

FFA (2012): „Förderbereiche". Auf ffa.de
URL: http://www.ffa.de/ unter „Förderungen und Anträge – Förderbereiche"
[zuletzt geprüft 28.11.2012]

FFA (2012): „Fragen und Antworten zur Förderung von Filmproduktionen". Auf ffa.de.
URL: http://www.ffa.de/downloads/FAQ/FFA-FAQ-Film_Projekt.pdf [zuletzt geprüft 22.08.2012]

FFA (2012): „Zahlen aus der Filmwirtschaft – Marktanteile in deutschen Kinos 2011". Auf ffa.de.
URL: http://www.ffa.de/downloads/publikationen/ffa_intern/FFA_info_1_2012.pdf
[zuletzt geprüft 15.08.2012]

FFHSH Handout Film und Recht (2010): „Filmworkshops Film & Recht – Erlösverteilung – Erlösprognose bei der Film- und Fernsehproduktion" Auf ffhsh.de.
URL:http://www.ffhsh.de/art/MediaCenter/Downloads/Sonstiges/Handout_Film_und_Recht_190410.pdf [zuletzt geprüft 15.08.2012]

Gojic, Zoran (2011): „Staatsminister Thomas Kreuzer berichtet über Filmförderung in Bayern". Auf der offiziellen Homepage des Bayrischen Landtags bayern.landtag.de
URL: https://www.bayern.landtag.de/cps/rde/xchg/landtag/x/-/www1/7538_8462.htm
[zuletzt geprüft 28.07.2012]

Goldhammer, Klaus (18.10.2006): „Wissensgesellschaft und Informationsgüter aus ökonomischer Sicht" Auf bpb Bundeszentrale für politische Bildung.
URL: http://www.google.de/imgres?um=1&hl=de&client=firefox-a&rls=org.mozilla:de:official&biw=1280&bih=710&tbm=isch&tbnid=ZnEjpR8GIF57jM:&imgrefurl=http://www.bpb.de/gesellschaft/medien/wissen-und-eigentum/73312/die-oekonomische-sicht%3Fp%3Dall&docid=I7rulWB5lCQ4cM&imgurl=http://www.bpb.de/cache/images/7/73317-3x2-article220.jpg%253F7D11E&w=220&h=51&ei=O4gqUMWKK8ni4QT9uoD4Aw&zoom=1&iact=hc&vpx=1045&vpy=290&dur=3607&hovh=40&hovw=176&tx=56&ty=21&sig=113871398576229109835&page=2&tbnh=40&tbnw=176&start=16&ndsp=25&ved=1t:429,r:24,s:16,i:198
[zuletzt geprüft 14.08.2012]

Hessische Filmförderung: „Fördermittel" Auf hessische-filmfoerderung.de
URL: http://www.hessische-filmfoerderung.de/downloads/F%C3%B6rderung/2011-Filmfoerdermittel-in-Hessen.pdf [zuletzt geprüft 16.08.2012]

Ikosom (11.06.2012): „Definition von Crowdfunding (beta)". Auf ikosom.de
URL: http://www.ikosom.de/2012/06/11/definition-von-crowdfunding-beta/
[zuletzt geprüft 27.08.2012]

Innovestment: „Fine Cotton Company" Auf innovestment.de
URL: http://www.innovestment.de/fine-cotton-company-gmbh [zuletzt geprüft 31.08.2012]

IMDb.com (2010): „Inception" Awards
URL: http://www.imdb.com/title/tt1375666/awards [zuletzt geprüft 04.08.2012]

IMDb.com (2010): „Inception" Box Office
URL: http://www.imdb.com/title/tt1375666/business [zuletzt geprüft 04.08.2012]

IMDb.com (2011): „Kokowääh" Box Office.
URL: http://www.imdb.com/title/tt1700258/business [zuletzt geprüft 03.08.2012]

IMDb.com (1998): „Lola rennt" Awards.

URL: http://www.imdb.com/title/tt0130827/awards [zuletzt geprüft 04.08.2012]

IMDb.com (1998): „Lola rennt" Box Office.
URL: http://www.imdb.com/title/tt0130827/business [zuletzt geprüft 04.08.2012]

IMDb.com (2011): „Marvel´s The Avangers" Box Office.
URL: http://www.imdb.com/title/tt0848228/business [zuletzt geprüft 03.08.2012]

IMDb.com (2011): „Ziemlich beste Freunde" Awards.
URL: http://www.imdb.com/title/tt1675434/awards [zuletzt geprüft 04.08.2012]

IMDb.de (2011): „Ziemlich beste Freunde" Box Office.
URL: http://www.imdb.de/title/tt1675434/business [zuletzt geprüft 04.08.2012]

Iron Sky: Finance. Auf ironsky.net.
URL: http://www.ironsky.net/site/support/finance/ [zuletzt geprüft 05.09.2012]

Iron Sky: „The Race to 300k" Auf ironsky.net.
URL: http://www.ironsky.net/site/therace/ [zuletzt geprüft 05.09.2012]

Kickstarter: Amanda Palmer. Auf kickstarter.com
URL: http://www.kickstarter.com/projects/amandapalmer/amanda-palmer-the-new-record-art-book-and-tour?ref=live [zuletzt geprüft 28.08.2012]

Kickstarter: Brian Fargo. Auf kickstarter.com
URL: http://www.kickstarter.com/projects/inxile/wasteland-2?ref=live [zuletzt geprüft 28.08.2012]

Kickstarter: Ouya. Auf kickstarter.com
URL: http://www.kickstarter.com/projects/ouya/ouya-a-new-kind-of-video-game-console
[zuletzt geprüft 31.08.2012]

Kickstarter: „The Science of Crowdfunding" Auf zippicart.com.
URL: http://www.zippycart.com/infographics/the-science-of-crowdfunding.html
[zuletzt geprüft 27.08.2012]

Mashup Finance: „Munich Distillers" Auf mashup-finance.de
URL: http://mashup-finance.de/2012/06/erster-projektabschluss-munich-distillers/
[zuletzt geprüft 31.08.2012]

MEDIA (2012): Overview URL: http://ec.europa.eu/culture/media/index_en.htm
[zuletzt geprüft 16.08.2012]

Murray, Rebecca (2009): „Avatar James Cameron Interview". Auf About.com Part of the New York Times Company
URL: http://video.about.com/movies/James-Cameron-Avatar.htm [zuletzt geprüft 03.08.2012]

Offizielle Website „Ziemlich Beste Freunde"
URL: http://www.ziemlichbestefreunde.senator.de/ [zuletzt geprüft 04.08.2012]

Pink, Dan (2010): „Drive – The surprising truth about what motivates us". Auf thersa.org
URL: http://www.thersa.org/events/video/animate/rsa-animate-drive [zuletzt geprüft 28.08.2012]

Seedmatch: „Bloomy Days" Auf seedmatch.de
URL: https://www.seedmatch.de/startups/bloomy-days [zuletzt geprüft 31.08.2012]

SPIO e.V. (2012): „Besuche und Filmtheater-Bruttoeinnahmen 2002-2011". Auf spio.de
URL: http://www.spio.de/index.asp?SeitID=26&TID=3 [zuletzt geprüft 15.08.2012]

Startnext: Gemeinnützigkeit. Auf startnext.de
URL: http://www.startnext.de/Blog/keyword/Gemeinn%FCtzigkeit [zuletzt geprüft 09.09.2012]

Startnext: Iron Sky. Auf startnext.de.
URL: http://www.startnext.de/iron-sky2 [zuletzt geprüft 05.09.2012]

Startnext: „Über Startnext". Auf startnext.de.
URL: http://www.startnext.de/Info/startnext.html [zuletzt geprüft 27.08.2012]

Startnext: MDM Wettbewerb. Auf Startnext.de
URL: http://www.startnext.de/Blog/Blog-Detailseite/b/Mitteldeutsche-Medienfoerderung-und-Startnext-Geme-407 [zuletzt geprüft 03.10.2012]

Startnext: Van Bo Le-Mentzel. Auf startnext.de.
URL: http://www.startnext.de/hartz-iv-moebel-buch [zuletzt geprüft 29.08.2012]

Stromberg der Film: „Wie sieht das Investitionsmodell aus?". Auf myspass.de.
URL: http://www.myspass.de/myspass/specials/stromberg-kinofilm/investieren/
[zuletzt geprüft 06.09.2012]

Vuorensola, Timo: „The race was good, but the road was bad" Auf blog.starwreck.com.
URL http://blog.starwreck.com/2011/06/14/the-race-was-good-but-the-road-was-bad-part-1-3/
[zuletzt geprüft 05.09.2012]

Lexika, Nachschlagewerke

Gabler Wirtschaftslexikon (2011), Gabler Verlag (Hrsg.), Stichwort: Product Placement,
URL:http://wirtschaftslexikon.gabler.de/Archiv/54936/product-placement-v8.html
[zuletzt geprüft 18.08.2012]

Lexikon der Filmbegriffe (2011): „Minimumgarantie" Auf filmlexikon.uni-kiel.de
URL: http://filmlexikon.uni-kiel.de/index.php?action=lexikon&tag=det&id=4552
[zuletzt geprüft 18.08.2012]

Lexikon der Filmbegriffe (2011): „Nebenrechte" Auf filmlexikon.uni-kiel.de
URL: http://filmlexikon.uni-kiel.de/index.php?action=lexikon&tag=det&id=3513
[zuletzt geprüft 18.08.2012]

Wikipedia: „Motivation" Auf wikipedia.de.
URL:http://upload.wikimedia.org/wikipedia/de/4/48/Quellen_der_Motivation.png
[zuletzt geprüft 28.08.2012]

Zeitschriften, Online Magazine

Blickpunkt: Film (2009): „TV-Sender und Spielfilmfinanzierung in Krisenzeiten" Auf mediabiz.de
URL: http://www.produzentenallianz.de/presseschau/einzelansicht/article/sinkende-senderbeteiligungen-an-kinofilmen.html [zuletzt geprüft 18.08.2012]

Herbold, Astrid (2012): „Das leise Sterben der Crowdfunding Plattformen" Auf Zeit Online
URL: http://www.zeit.de/digital/internet/2012-08/crowdfunding-plattformen-deutschland
[zuletzt geprüft 09.09.2012]

Howe, Jeff (2006): „The Rise of Crowdsourcing" In WIRED Magazine
URL: http://www.wired.com/wired/archive/14.06/crowds.html [zuletzt geprüft 24.08.2012]

Krei, Alexander (20.06.2012): „Nach Crowdfunding Erfolg – Ralf Husmann: „Die Leute wollen jetzt was sehen!"" Auf dwdl.de.
URL:http://www.dwdl.de/filmkongress2012/36401/ralf_husmann_die_leute_wollen_jetzt_was_sehen/ [zuletzt geprüft 06.09.2012]

McCracken, Harry (21.11.2012): „Kickstarter Aims to Make Gadgets Less of a Gamble" In TIME Techland
URL: http://techland.time.com/2012/09/21/kickstarter-aims-to-make-gadgets-less-of-a-gamble/
[zuletzt geprüft 18.10.2012]

Plarre, Plutonia (11.02.2012): „Wie ein Kaleidoskop -Die Direktorin des Filmmuseums Potsdam, Bärbel Dalichow, über das weltweit älteste Großatelier-Filmstudio, das an diesem Sonntag 100 wird.". In taz.de
URL: http://www.taz.de/!87489/ [zuletzt geprüft 28.07.2012]

Roether, Dietmund (2012): „Studie: „Hauptstadteffekt" in der Filmförderung". In epd Film Das Kino-Magazin
URL: http://www.epd-film.de/33192_90891.php [zuletzt geprüft 04.08.2012]

Ruh, Dr. Sabine Theadora (25.02.2010): „Filmförderung in Deutschland: zersplittert – Filmstiftungen schmücken sich mit falschen Rechtsbegriffen". In suite101.de
URL: http://suite101.de/article/filmfoerderung-in-deutschland-zersplittert-a70679
[zuletzt geprüft 22.08.2012]

Schenk, Ralf (24.04.2008): „Strukturschwache Gebiete". In Berliner Zeitung
URL: http://www.berliner-zeitung.de/archiv/freitag-werden-die-deutschen-filmpreise-verliehen---begleitet-vom-streit-um-kunst-und-kommerz-strukturschwache-gebiete,10810590,10554086.html [zuletzt geprüft 04.08.2012]

Smith, Sean (26.06.2005): "The King of the Worlds". In Newsweek Magazine
URL: http://www.thedailybeast.com/newsweek/2005/06/26/the-king-of-the-worlds.html
[zuletzt geprüft 02.08.2012]

Schwan, Ben (2012): „Neues Crowdfunding Gesetz in den USA - Der kleine Börsengang" In taz.de
URL: http://www.taz.de/Neues-Crowdfunding-Gesetz-in-den-USA/!90937/
[zuletzt geprüft 31.08.2012]

Zimmermann, Johanna (31.07.2011): „„„Tatort" in der Sommerpause Krimi-Depression im Ersten". In Focus-Online
URL: http://www.focus.de/kultur/kino_tv/tatort-in-der-sommerpause-krimi-depression-im-ersten_aid_650649.html [zuletzt geprüft 03.08.2012]

Gesetzestexte, Verordnungen, Richtlinien, Satzungen

EStG: Einkommenssteuergesetz Einkommensteuergesetz in der Fassung der Bekanntmachung vom 8. Oktober 2009 (BGBl. I S. 3366, 3862), das zuletzt durch Artikel 3 des Gesetzes vom 8. Mai 2012 (BGBl. I S. 1030) geändert worden ist
URL: http://www.gesetze-im-internet.de/bundesrecht/estg/gesamt.pdf
[zuletzt geprüft 22.08.2012]

Filmförderungsanstalt Richtlinien für die Projektfilmförderung
URL: http://www.ffa.de/downloads/richtlinien/D02.pdf [zuletzt geprüft 19.08.2012]

Filmförderungsrichtlinien der BKM (13.07.2005)
URL: http://www.bundesregierung.de/Content/DE/Archiv16/Artikel/2005/11/_Anlagen/die-neuen-filmfoerderungsrichtlinien861945.pdf?__blob=publicationFile&v=4
[zuletzt geprüft 16.08.2012]

FFG: Gesetz über Maßnahmen zur Förderung des deutschen Films
i. d. F. der Bekanntmachung vom 24. August 2004 (BGBl. I S. 2277) zuletzt geändert durch das Sechste Gesetz zur Änderung des Filmförderungsgesetzes vom 31. Juli 2010 (BGBl. I S. 1048, in Kraft getreten am 6. August 2010)
URL: http://www.ffa.de/downloads/ffg.pdf [zuletzt geprüft 16.08.2012]

Rules of procedure of the board of management of the support fund for the co-production and distribution of creative cinematographic and audiovisual works "EURIMAGES" as adopted by the Board of Management of Eurimages at its 121st meeting, on 17 December 2010
URL:
http://www.coe.int/t/dg4/eurimages/Source/Regulations/2011REV2_RulesProcedure_en.pdf
[zuletzt geprüft 17.08.2012]

Regulations concerning Co-Production support for full-length feature Films, Animations and Documentaries (2012)
URL: http://www.coe.int/t/dg4/eurimages/Source/Regulations/RegulationsCoprod2012_EN.pdf
[zuletzt geprüft 17.08.2012]

RStV Staatsvertrag für Rundfunk und Telemedien (Rundfunkstaatsvertrag) vom 31.08.1991, in der Fassung des Dreizehnten Staatsvertrages zur Änderung rundfunkrechtlicher Staatsverträge vom 10. März 2010 (vgl. GBl. S. 307), in Kraft getreten am 01.04.2010
URL: http://www.dvtm.net/fileadmin/pdf/gesetze/13._RStV.pdf [zuletzt geprüft 18.08.2012]

Anlagen

A. Kalkulationsschema FFA Zusammenstellung

	Kostenvoranschlag €	endgültige Herstellungskosten €	Abweichung €
I. Vorkosten			
II. Rechte und Manuskript			
III. Gagen			
Produktionsstab			
Regiestab			
Ausstattungsstab			
Sonstiger Stab			
Darsteller/-innen			
Musiker/-innen			
Zusatzkosten Gagen			
IV. Atelier			
Atelier Bau			
Außenbau durch Atelier			
Atelier-Bau			
Abbau Atelier und Außenbau			
V. Ausstattung und Technik			
Genehmigungen und Mieten			
Bau und Ausstattung			
Technische Ausrüstung			
VI. Reise- und Transportkosten			
Personen			
Lasten			
VII. Filmmaterial und Bearbeitung			
VIII. Endfertigung			
IX. Versicherungen			
X. Allgemeine Kosten			
XI. Kostenmindernde Erträge			
A. Fertigungskosten			
B. Handlungskosten % A			
C. Überschreitungsreserve % A			
D. Zwischensumme			
E. Finanzierungskosten			
F. Treuhandgebühren			
G. Completion Bond Kosten			
H. Herstellungskosten			

Darstellung angelehnt an FFA Kalkulationsschema Quelle: FFA